YONG HENG
SHUN JIAN

张旭辉 著

永恒瞬间

咱们的抗战

陕西新华出版传媒集团 陕西人民出版社

图书在版编目（CIP）数据

永恒瞬间：咱们的抗战 / 张旭辉著. —西安：陕西人民出版社,2018
ISBN 978-7-224-12832-1

Ⅰ. ①永… Ⅱ. ①张… Ⅲ. ①抗日战争—史料—中国
Ⅳ. ①K265.06

中国版本图书馆 CIP 数据核字(2018)第 155480 号

永恒瞬间：咱们的抗战

作　　者	张旭辉
出版发行	陕西新华出版传媒集团　陕西人民出版社 （西安北大街 147 号　邮编:710003）
印　　刷	陕西群艺印务有限责任公司
开　　本	787mm×1092mm　16 开　16 印张
字　　数	240 千字
版　　次	2018 年 8 月第 1 版　2018 年 8 月第 1 次印刷
书　　号	ISBN 978-7-224-12832-1
定　　价	42.00 元

代序

南京城被攻陷后 那些勇敢的人们

2015 年,习近平总书记在“九三阅兵”讲话中指出:“70 年前的今天,中国人民经过长达 14 年艰苦卓绝的斗争,取得了中国人民抗日战争的伟大胜利,宣告了世界反法西斯战争的完全胜利,和平的阳光再次普照大地。”

是啊!“和平的阳光普照大地”是用“艰苦卓绝”换来的。这场战争是以国共两党合作为基础,有社会各界、各族人民、各民主党派、抗日团体,社会各阶层爱国人士和海外侨胞广泛参加的全民族抗战。

这些天在看南京大屠杀相关史料,看得很郁郁。西安的五月下起了雨,秦岭的山顶上都积了一层雪。我在长安,家里很冷,仿佛我此刻的心情。实在压抑了,就去对面的操场上跑跑步。

当时那个山田中队,只用了 135 人,就俘虏了 23000 多名战俘。紧接着的两天时间里,有 10000 人被屠杀,剩余的 13000 人,最后被围杀于南京上元门外的大湾子。

你问,这么多人,为什么不反抗?

互联网上看到很多人在激烈地讨论这个问题。我觉得,我们没有资格要求他们。他们为国牺牲的时候,我们在哪里呢?我们不是他们,当我们能做到的时候,我们再说这样的话。

其实,看日本人的回忆,我们还是能从中了解到,在那些个惨痛的时刻,中国士兵所做的努力和牺牲,值得我们后世的中国人尊敬和警醒。你不勇敢,就别指望别人替你坚强。

1937 年 12 月中旬,一名潜藏在南京城内的中国军人,携枪摸进了十六师团一个士官宿舍,一举打死了十多名睡在里边的日军小队长一级的少尉和中尉军官。直到现在,也没有人知道,那名勇敢的中国士兵最终与日军同归于尽,还是成功脱险。

1937 年 12 月 13 日下午,一小队日军搜杀到国府路,看到一辆“报废”的中国坦克。就在他们刚刚走过时,坦克的炮塔慢慢地转动了,随后火舌喷射,几十名鬼子被击毙。无名勇士后来为国捐躯。没有人知道他的模样和姓名,但是,他轻轻转动炮塔的声音,却在历史深处久久回荡。

炮兵四十二团一营三连副连长沈咸,带领着自己的一部分部队战斗在南京城内,他们起先消灭了一队枪杀老百姓的六名日军,又在深夜杀死了两名出来游荡的日军。15 日凌晨,他和另外两名战士泅渡秦淮河,逃出了南京城。

即使遭遇屠杀的中国军民,在最后时刻也会爆发出巨大的能量,让日本士兵感到恐惧。在乌龙山下的一次屠杀中,有上万人遇难。进行屠杀的是日军两个机关枪小队。就在日军开枪后,愤怒的军民迎着喷射的重机枪扫射冲向了几十米外的日军,虽然人群一片片倒下,但无尽的人群还是把两个重机枪小队的日军给彻底淹没。日军惊慌失措,最后把汽油桶一个个推下斜坡,射击油桶爆炸后杀戮手无寸铁的中国军民。这是那个最残暴的日子里,中国人所迸发出的人性光辉。

看后世人们的争论,我也看到了很多人的深深思索。一位仁兄的话十分发人深省。他说:少谈一点民族大义,多加强一点自身能力,不需要喊口号,盯着别人不如盯着自己,要求别人不如要求自己,国家自然就会强盛起来。

最后,我还想把时间调回到 1937 年 12 月 12 日傍晚,冷风嗖嗖的下关码头。两位坦克兵和汽车兵接到命令,销毁坦克和汽车,还有车上拉着的弹药。四名士兵回头看了看装备,又看了看船上的长官。最后,四人报告长官,他们不走了。他们决定留下来,和鬼子痛痛快快地打一仗。

就这样,四位壮士带着武器又上了岸。

历史没有记下他们的名字。在 12 月 12 日的南京,这个光耀千古的时刻,他们是那个时代的中国人,他们一点都不逊色于易水河畔的荆轲。

每个中国人都应记住:盯着别人不如盯着自己,要求别人不如要求自己,国家自然就会强盛起来!

作　者

2016 年 5 月 15 日

目 录

作孽

天作孽 犹可恕
人作孽 不可活

日本人记载的南京
那些令人发指的事

1937年12月13日上午9点，中华路上的南京市民发现，一队身材矮小的军队走了过来。他们的面貌与中国人无异，但举着的太阳旗却十分刺眼。

日本人记载，那天进入中华门的是第6师团的第2和第3大队。与此同时，第16师团助川、野田两个联队和第6师团的竹下联队沿长江向下关江边合击过来。大野联队则沿南京城墙开始扫荡。

野蛮的杀戮首先出现在南京城墙上。行凶的是大野联队第3大队的第10中队。据《东京日日新闻》的随军记者铃木二郎回忆：

日本士兵残杀被俘的中国士兵

中国的俘虏们在25米宽的城墙上被排成一列。在他们面前，是端着步枪上了刺刀的日本侵华军队的士兵。下令后，士兵们齐声大吼，冲着中国战俘的胸口和腹部猛刺。那些个中国战俘一个个被挑落城下，从身体中涌出的鲜血喷向空中……

那天晚上，在日本军国主义的巢穴东京，百万东京市民举着鲤鱼灯笼进行大游行："祝贺南京陷落。"而南京，真正成了人间地狱。

14日，派遣军总司令松井石根在苏州发出了"分区扫荡败残兵"的指令。朝香宫鸠彦对上海派遣军下达的命令则是：不留战俘。

《金泽第9师团作战史》中这样记载：

伊佐联队在城内歼灭残兵败将7000多名。114师团在雨花台残杀1300多名中国战俘。汉西门外，第6师团杀死了7000多名中国战俘、警察和平民。

百人斬り超記録
向井106—105野田
両少尉さらに延長戦
百人斬り競争の両將校

日军杀人魔王野田毅和向井敏明

在麒麟门，第16师团屠杀了4000多名中国战俘。他们挖了几个大坑，把战俘和平民驱赶进大坑内，日军开始填土，很多战俘身子被埋一半，就气绝身亡。有的人被埋后，面部成了紫红色，嘴里眼里都淌出鲜血……

日军残酷对待已放下武器的中国士兵

第16师团大野联队第4中队，在玄武门外射杀了300多名中国战俘，由于射杀距离不到50米，当场血肉横飞，残酷至极。

日军攻入南京后的入城式

为了对比日本“三八”步枪和中国“中正”枪的穿透力，4中队的中队长叫30名中国战俘排成两队，日军士兵用两种枪分别抵住每队最后一个人的后背，然后同时扣动扳机，看两队人有多少人倒下去。实验结果：“三八”枪洞穿12人，“中正”枪洞穿14人。

日军的屠杀，开始变为游戏，他们已经没有了人性。

中国的战俘们，以为放下枪，就能免去一死，大不了去服苦役。谁知道被俘之后，连饭都没得吃。日军记载，当时日军进攻中都常常饿着肚子，何况对待中国战俘。12 月的南京，部分地区积雪未消，严寒和饥饿让很多被俘的中国军人喝自己的尿，吃野草。就这样，还要面对野蛮的屠杀。

被俘中国官兵的一部

16 师团野田联队的士兵大泽一男这样描述：

败兵被集中起来，用铁丝网围在城墙一角。城内的防空壕也挤满了人。我们拿着汽油，从城上向败兵的头上浇去。

12 月 15 日，日军第 16 师团搞了个入城式。那天，第 30 旅团长佐佐木接受日本随军记者采访时称：

应在南京发扬皇军武威，彻底摧毁中国军民的抵抗意志。

南京陷落后的日本街头

这个“武威”,就是屠杀。

第6师团,在大屠杀中,烧杀奸淫最为凶狠,该师团杀害中国军民达6万多人。

12月18日,长江边的草鞋峡发生了整个南京大屠杀期间最大的一起暴行,57000名中国战俘和平民遇害。屠杀中,日军使用了6挺重机枪,一次可以发射800发子弹,每打完1600发子弹,枪管就会变得通红,必须更换枪管。在这次超级大屠杀中,可以想象日军更换了多少个枪管。

在南京大屠杀中,一些外国友人也记录下了南京城悲惨的一幕幕。丹麦人尼克尔说,“我对南京最后的印象是,死亡的中国人!死亡的中国人!死亡的中国人!”美国传教士麦卡伦在给家人的信中这样说,“这是一段令人极端恐怖的事,我不知道从哪里说起,也不知道在哪里结束。”

很多个场景,我已经无法平静地来进行表述了。我理解,为什么事隔这么多年,研究南京大屠杀的学者张纯如会自杀。这是惨遭屠杀的中国人的血层层淤积起来的一道永远难以治愈的伤痛。我们哪一个人不是爹娘养成的心头肉,被人漠视、虐杀,实在是连上天都难以饶恕的罪行。在这样一个时代,在这样一个悲惨的境域,让我们永远不要忘记我们民族身上的这道伤痛!

日军在华暴行
还有两件鲜为人知

“14年抗战，日军在中华大地犯下的罪行罄竹难书。要说起南京大屠杀，大家都十分了解，但要说起另外两件让人义愤填膺的事，可能就鲜为人知了。”①

1938年，台儿庄首轮大败而归后，日军又迅速组织了20万兵力，妄图发动徐州会战，把50万中国军队包围起来，一口吃掉。通过敌情侦察，大家发现，除了安徽与河南交界处的永城和萧县还没有被日军占领外，中国军队的周边已全部飘起了太阳旗。形势紧急，中国方面迅速组织力量，趁合围尚未完成之际，快速冲出日军的包围圈。

5月18日，第60军军长卢汉（云南人）率一部人马赶到徐州，掩护大部队转移。那天，卢汉将军来到徐州时，第五战区司令长官李宗仁已带领司令部的一行人撤离了，偌大的城市孤寂而冷清。

在徐州火车站巡查时，他发现火车站还停留了几趟军列没有发出。其中一趟专列上是战斗中没有撤走的三千名伤兵，这些都是不能行走的重伤员。

卢汉将军问，列车能开走吗？

参谋回答，津浦铁路已被炸毁，只能听天由命了。

卢汉长叹了一声。

后来，日军攻占了徐州，没能围歼中国军队，但3000名没有运走的中国重伤员落入日寇手中。

3000名重伤员惨遭杀害！

杀戮者是曾在南京大屠杀中恶贯满盈的日军第16师团，师团长中岛今朝吾。

---

① 2014年出版《抗日战争的细节》人民日报出版社，第157页。

后来,我翻看李宗仁回忆录,自始至终都没有提及这些重伤员。当时,长官部是如何安排这些重伤员的,成了一个谜。徐州会战,当大家都在讨论中国军队如何漂亮脱身时,却遗忘了这次大屠杀。

这也许是李宗仁将军内心深处一块不愿揭开的伤心之痛吧,我想。

1943 年湖南厂窖惨案

为解除长江航道的威胁,1943 年 5 月 5 日,日军第 11 军司令横山勇发布攻击令,四路日军向中国军队发起了"江南歼灭战"。王赞绪的第 29 集团军、王敬久的第 10 集团军相继遭到攻击。

横山勇

5 月 8 日,29 集团军的第 73 军等部主力一万多人奉命撤退,准备西渡常德,以摆脱日军的围追堵截,结果刚到厂窖,就被日军逼到了这个南北长 10 几公里,东西宽约 5 公里的狭长半岛。被逼入这个半岛的,还有湘鄂两省随军拥来的 2 万多难民,其中包括一部分公务人员、学校师生等,加上当地居民 2 万余人,整个厂窖垸被包围的军民共有 5 万余人。一时间,军民不分,难民如潮,一片混乱。

9 日清晨,日军第 40 师团户田支队、针谷支队、小柴支队、独立混成旅 17 旅团向中国军民发起了攻击,"获取重大战果"。日军后来发布了"敌遗弃 13067 具"尸体的"战果"。这里所说的上万名"战果",实际上有三分之二都是平民。

现在被叫作"血水库"的黑洲子,位于厂窖大垸西部,当时有五六千名难民逃到这里。5 月 10 日,日军飞机朝这里投弹扫射,步兵、骑兵往来冲杀,共杀害我同胞 3000 多人,鲜血染红了河水。

中国方面的统计,5 月 9 日至 12 日的三日间,灭绝人性的侵华日军在厂窖残酷杀害中国军民 3 万多人,摧残致伤 3 千余人,强奸妇女 2 千多人,烧毁房屋 3 千多间,炸沉、烧毁船只 2500 多艘,震惊中外!

会战结束后,重庆《阵中日报》记者袁琴心来到这里。

"河里的死尸,简直使船不能通过。只要船身往河里一动,前后左右都翻出死尸来，腐烂的肉浆，会将船身四周粘着……”

4年以后，长沙《中央日报》记者李震《湖南西北角》一书：

“这是我国八年抗战稀有的惨案。事隔四年，河岸还有冤死者的白骨，河中还有烧余下来的船板。我到厂窖，秋风秋雨的重阳刚过，云愁雾惨，草木萧萧，听一个身杀七刀尚能幸存的再生者指画着当年悲剧的演出，觉芦岸浅汀之间，犹森森有鬼气。”

厂窖惨案遗址上竖立的纪念碑

这又是一笔血债。

1945年8月15日，日军宣布无条件投降。

指挥江南歼灭战的横山勇虽被远东军事法庭判处绞刑，但起诉状中并无厂窖屠杀事实，而这个横山勇最终被减刑，于1952年病死在巢鸭监狱。

在厂窖直接行凶的4支日军部队的指挥官没有一个受到审判。

厂窖惨案遇难同胞纪念碑

日军第5师团
在中国犯下的累累罪行

日军士兵的饮食质量远远高于中国士兵

这是一组日本人侵入中国时拍到的照片，从这些日本士兵的体格上看，日本士兵的营养和当时中国士兵比，就不在一个水平。我采访过一位渭南的抗战老兵。他介绍说，咱们当兵的都是农村青年，当时在农村的营养就跟不上，到了部队以后伙食也一般，参加军训时就饿得头发昏。到了战场，武器装备也落后，拼刺刀时，我们常常五六个人拼人日军一个人。

要说日军士兵“以一当十”，一点都不为过。历史学家黄仁宇在军校毕业后下基层带兵。他说，当时士兵身体素质很差，行军时屡屡有人掉队，跟不上队伍。中国人民血战日寇，那也真是到了中华民族最危险的时候，有人用“血肉长城”形容十分恰当。

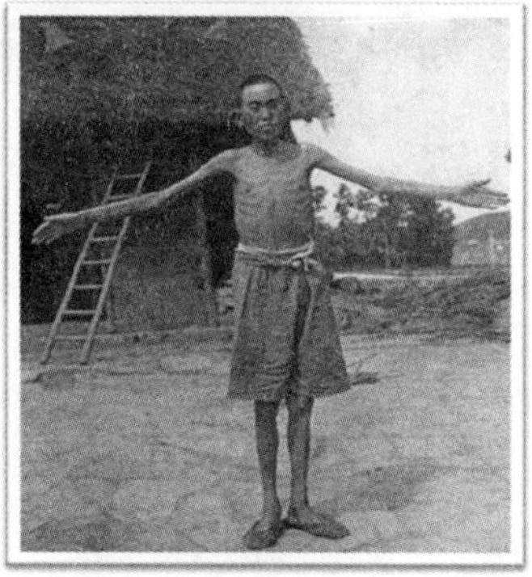

中国士兵

翻看日军战史，介绍日军最强的战斗师团，我们一起来看看日军最强师团的战力，也从另一面了解当时先辈们抗日的艰难困苦。

日军第5师团，这是一个甲种师团，甲种师团的战斗人员约1.5万至2万人，是日军在二战爆发前17个常备师团之一，与矶谷廉介师团齐名，是日军最精锐的机械化部队，有“钢军”之称。这个部队最有名的师团长

中国士兵的体质

为板垣征四郎，所以也称为板垣师团。

板垣师团最初由步兵第11、12、21、22四个联队组成。士兵来自日本本州西部的广岛、岛根和山口。日军将联队视为团级单位，一个3800人的联队明显大于当时中国军队的一个步兵团。

1937年7月27日，第5师团自日本登陆天津大沽，在北京昌平以南集结。8月16日，在板垣征四郎指挥下投入南口作战。当时守卫南口的是汤恩伯将军指挥的第13军。不久，第5师团第9旅团被抽出派往上海，参加了金山卫登陆。10月13日，板垣率领7万人马，95门大炮，正面冲击20万中国军队坚守的山西雁北忻口阵地。有评价说，这是“最疯狂的指挥官干出的最疯狂的事”。忻口战役血战23天，中国军队第9军军长郝梦龄战死沙场，数名将官及十万将士付出了惨重的代价，仍难阻挡日军的疯狂进攻。10月26日，日军攻陷山西东部门户娘子关。11月3日，忻口弃守。板垣破围而出，半个师团疯狂追击处于崩溃状态的30个中国师。板垣此战，树下了他在日本将官中的“赫赫威名”。

1939年10月，第5师团在今村均（日本陆军大将，毕业于陆军士官学校19期，1915年以第一名的成绩毕业于陆军大学28期）的带领下，参加了广西昆仑关战役。在这次战役中，第5师团21旅团长中村正雄以下死伤5000人，此次作战，当时中国唯一一个机械化军，第5军伤亡5600余人。战役的惨烈由此可见一斑。

日军第5师团部分官兵

昆仑关前的第5军士兵

据记载，在湖南界首高地多次爆发激烈肉搏战，日军派出了身上绑满炸药的敢死队，舞着战刀朝攻击的中国部队猛冲，中国士兵则手舞大刀，身上绑着手榴弹扑向高地，最后，拉燃手榴弹直接冲进了日军的山洞坑道深处与日军同归于尽。军力差别，使得中国军人守卫国土付出了常人难以想象的代价，他们的牺牲精神值得我们所有后辈永远牢记。

国民革命军第5军(资料图)

1941年，太平洋战争爆发。第5师团被配属给山下奉文中将的第25军，参加进攻马来亚及新加坡的战斗。1942年2月25日，第5师团进攻吉隆坡，驻守在新加坡的英军投降，英国在远东最大的军事据点——新加坡沦陷了。

板垣征四郎

1943年1月，第5师团主力转归19军统辖。

1945年3月，19军解散，第5师团划归日本第2军。当年8月，日本投降。师团长山田清一切腹自杀。

第5师团横行中国,也是当时中日战力的一个缩影。据当时中国陆军总司令何应钦在《开战之前敌我兵力比较》一文中的表述,中国军队统合战力其实仅为日军的2/5。

第5军官兵欢呼胜利

日军战力的强悍,也没有能打垮中国人抗战的决心。也正因为如此,才让浩浩中华的文明之花没有凋谢。就让我用蒋百里先生的一段话作这篇文章的结语吧:

“中国对日本,打不了,也要打;打败了就退,退了还是打;五年、八年、十年总坚持打下去,不论打到什么田地,穷尽输光不要紧,千千万万就是不要向他妥协,最后胜利定归是我们的。你不相信,可以睁眼看着。我们都会看见的,除非你是个‘短命鬼’。”

英军官兵缴械投降

徐州会战
不幸被俘的23名女兵

台儿庄大捷之后，蒋介石为扩大战果，遂下令在徐州地区集结了64个师另3个旅的兵力，准备在徐州地区与日军决战，以使武汉有更充足的备战时间。谁知道日本人动用了4个师团的兵力，强行突破，想把抗日军队压缩在十多个包围圈中悉数歼灭。

最高统帅部发现苗头不对，决定放弃徐州。日本人撒网捕鱼，满以为会消灭中国抗日的有生力量，结果到头来鸡飞蛋打，啥也没捞着。以下是当时五战区司令长官李宗仁将军对当时战况的一个精彩点评：

敌人再也没有想到，他以狮子搏兔之力于五月十九日窜入徐州时，我军连影子也不见了。数十万大军在人不知鬼不觉之中，全部溜出了他们的包围圈。敌人四处搜寻，仅捉到了我方几个落伍的病兵。其中之一是二十二军军长谭道源的勤务兵。敌人自他衣袋中搜出了一张谭军长的名片，便误以为生俘了谭道源，竟据此大事宣传，闹出个大笑话。

在徐州会战的最后阶段，敌军捕捉我主力的计划是何等周密，其来势是何等凶猛，但是鏖战月余，敌方不但没有击溃我军的主力，甚至连我方一个上尉也没有捉到。这种情形，在双方百万大军的会战史上也可说是个奇迹，彻底毁灭了敌人捕捉我军主力、速战速决的侵略迷梦。

看李长官的表述，文笔很轻松，想来心情也不错，毕竟几十万军队，不是个小数目。能摆脱日军的包围，不仅贪天之功，也赖组织有力。毕竟，为日后的武汉会战保存下了有生力量。

可是，我就在想，徐州会战中，我们就真的没有一点点损失吗？后来翻看日军陆军第5师团长板垣征四郎的介绍，说在徐州会战中，他的部队俘获了中国军队的重炮旅。这对本来就缺少重武器的国军来说，是一个沉重的打击。可是，看下面的文字，不免让人心下一沉，这种沉重比丢失重炮还要沉痛。

这是日本大阪每日新闻社第 31 期《支那事变画报》中的一张照片，照片拍摄于 1938 年 6 月，女俘名叫刘桂芳，年仅 20 岁，她是在徐州会战中被俘的。

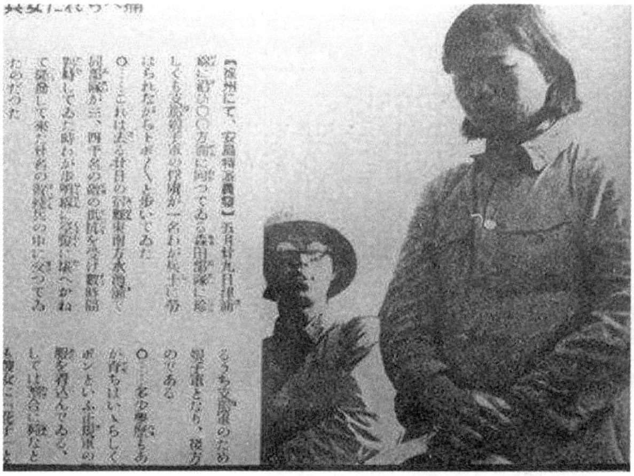

《支那事变画报》截图

每次看到这张照片时，我的心都很疼。20 岁的姑娘，国家不幸，作为女人，应该是女孩子，她们不幸遇到了，和她一起遭遇不幸的，还有 22 位她的同学。

据记载，这是第一批广西学生军，桂军第 48 军的后勤人员。淞沪会战时，她们先是随军到上海战场做医护和通讯工作，后来又随桂军第 7 军 171 师师长杨俊昌部到安徽，在宿县被俘。

广西学生军资料照片

广西学生军，是以李宗仁将军新桂系组织的青年学生抗日军事化团体。1936年6月，广西第一次组织学生军，分赴广西各县开展抗日救国宣传。1937年10月，广西第二次组织学生兵，有近300名青年学生随军北上，参加战地工作。这23名学生兵，应该是这次组织的300名青年当中的一部分。

广西学生军资料照片

俘获这些学生兵的，是日军华北方面军第2军第3旅团第6联队。他们的联队长叫小男一雄，他们的司令官是西尾寿造。

这个小男一雄干了件啥事呢？他竟把被俘的23名女战士从俘虏集中营带出，送到了丰（县）、沛（县）交界处的邵阳湖边秘密成立的随军妓院。这些女战俘遭到上百名日军的轮奸。

史料记载说，她们稍有反抗即被枪杀，有的被捆绑起来脱光衣服抽打下身，直到打得皮开肉绽。

中国女兵被俘后，引起了中国统帅部的高度重视，蒋介石下令，不惜一切代价营救这些女兵。为了把这些女兵营救回来，中国军队迅速和日本军队进行沟通，想通过交换战俘的方式，把这些不幸的女兵们营救回来。谁知道日军则答复“所有战俘已经被中国军队炮击炸死”。

英勇不屈的女兵被俘后遭受了非人的折磨后，全部被日军杀人灭口，焚尸灭迹。

为了杜绝这样的事件再次发生，桂系第21集团军司令李品仙下令，凡有学生军女兵丢失和掉队，枪毙护卫军官。

中国女兵被俘，蒋介石下令枪毙第7军第171师师长杨俊昌。由于李宗仁、白崇禧的力保换成了10年监禁。战后，杨俊昌到老河口第五战区司令部，在李宗仁面前长跪不起，请求戴罪立功。

国家不幸，这些学生军女兵的悲惨经历，让我们久久难忘！

干城

盾牌城墙
捍卫国门
功德巍巍

抗战中
中国迫击炮手可击中500米外的竹篮

1861年,曾国藩在安徽安庆创办军械所,任用中国工匠,仿制西式枪炮,这是中国近代军事工业的发端。从这一年后的30年间,中国从中央政府到地方,发起了洋务运动。在李鸿章、张之洞等人的主持下,江南机器制造总局、金陵制造局、福州船政局、天津机器局等一批大型近代化军事工业相继问世。短短几年中,中国就已经具备了铸铁、炼钢,以及机器生产各种军工产品的能力,产品包括大炮、枪械、弹药、水雷和蒸气轮船等新式武器,装备了一些军队。另外,洋务派们还开办了北洋水师学堂(天津)、鱼雷学堂(广州)、威海水师学堂、南洋水师学堂、旅顺鱼雷学堂、江南陆军学堂、上海操炮学堂等一批军事学校,为中国近代的国防事业做出了贡献。

大家心里很清楚,只有富国强兵,才能让国家免除列强的欺侮。

谁知道,到了军阀混战时代,各派军阀不仅不向军工产业投资和加以保护,反而不断进行各种洗劫,抢劫财物,破坏机器,驱赶工人。到了20世纪30年代,当时的国民政府极力纠正这一恶习,想要让兵器的生产进入正轨,但是,能力有限,心有余而力不足。这导致1937年抗战爆发时,中国的军工生产和武器研发还不如清朝末年。

抗战爆发后,除山西和已经沦陷的东北外,全国其他省份竟然都没有生产压制火炮的能力。抗战14年,中国没能生产出一门压制火炮。北方有的游击队还在使用明朝时期的佛朗机炮抗击日军,以至于国际上嘲笑中国军队在拿着筷子和日本人作战。

火炮是战争之神,是近代陆军战斗力的核心部分。在抗战中,中国军队与日本军队最大的差距,就是炮兵差距,特别是压制火炮的差距。

中国军队不能对敌人纵深进行火力打击,不能大规模地冲击敌军集结地；不能封锁敌人突破口，阻止敌人突袭；甚至步兵打开了突破口，却不能保护己方部队脱离战斗进行转移。

1938 年，作为军事观察员参观完台儿庄战役后，当时还是美军上校的史迪威在写给美军参谋部的报告中这样说：“中国军队缺少飞机、坦克和大炮，在开阔地带遇到日军的这些武器时，只敷衍了事地抵抗一下就轻易放弃了阵地。只有在山区，中国军队才能利用有利地形进行顽强的抵抗。”

中国军队迫击炮阵地

抗战前期，中国军队装备的数量极少的压制火炮，都是珍贵的进口货，一般轻易不使用。而迫击炮在其他国家只是团营级支援火炮，在中国却是最主要的炮兵火力，哪怕精锐的第 74 军所属直属炮兵，装备的也是迫击炮。另一位美军观察员卡尔逊说，中国迫击炮手操作起迫击炮来十分熟练，可以准确击中 500 米外的一个竹篮。八路军在黄土岭战役中使用迫击炮，一炮击毙日军中将旅团长阿部规秀，更是一个经典的迫击炮远距离狙杀战例。日军第 16 师团参谋木佐木久称，在江苏句容，一次师团长刚离开，就在不到一分钟时间连续落下两发迫击炮炮弹，差点要了日军第 16 师团师团长的命。台儿庄战役中，中国炮兵准确地轰击了第 10 师团濑谷支队的弹药库，瞬间让濑谷支队抓了瞎。

击毙阿部规秀的迫击炮

要说抗战以来，中国军队依靠迫击炮打得最精彩之战，莫过于武汉会战中的一场战斗。

那是1938年6月26日，日军突破马当要塞后一路向西攻击。此时在瑞昌到武昌公路旁的山上，正好驻扎着从徐州会战战场撤下来的一支中国军队，第13军110师656团。第13军是南口战役中表现最出色的部队，他们的部队长就是著名的汤恩伯将军。656团的士兵在寻找食物的时候，意外发现了一座弹药库，里面竟装满了迫击炮炮弹。正好，这支部队的炮兵也千辛万苦地背了12门迫击炮到江西。

于是，中国士兵把迫击炮设置在公路S形转弯处侧面，准备利用炮火伏击日本追兵。

中国军队的迫击炮排

当天晚上，公路上突然间塞满日军军车，喇叭声、喧闹声响成一片。很快，中国军队的12门迫击炮以最大射速，向日军车队开始猛烈轰击。12门炮一夜间竟打出5000发迫击炮炮弹。这次阻击战，中国军队无一人伤亡,却重创日军,战绩斐然。

到了3年以后的1941年12月,第3次长沙会战,中国军队第10军预备第10师,曾利用18门迫击炮快速轰击5800发炮弹,重创了一支日本骑兵部队。

一名日军第27师团的中队长,在他的回忆录中讲述起了那些可怕的中国迫击炮。

当他们对我们在高地上的阵地射击时,炮弹往往从我们正上方落下,简直是无处躲避……1944年8月26日和8月28日,我们第三中队守卫的阵地经受了中国军队发动的两次真正的攻击。特别是8月28日那次,是一次步炮协同的大规模进攻。中国军队以迫击炮的射击为先导,随着炮弹划过空气发出的那种'啾、啾'的令人毛骨悚然、心惊胆战的声音,一颗又一颗迫击炮弹呼啸着从我们头顶上落下来。由于弹道极度弯曲,所以垂直挖掘的战壕根本没有防范迫击炮弹的作用。8月28日的迫击炮的轰击,使守卫'松'高地的指挥班和第二小队有好几个人死伤。其中一人腹部被炸,肠子都飞了出来,最终悲惨地断了气。迫击炮的轰击在杀伤对方战斗人员的实际效果之外,还有使对方产生恐怖畏惧心理的作用。

迫击炮的轰击一结束,在'竹'高地和'松'高地的正面立刻出现了成群结队的中国士兵,沿着斜坡冲了上来。中国军队即便是在夜间,也不断发起密集的迫击炮射击,导致日军不得不戴着钢盔吃晚饭。

迫击炮部队战斗中

来自第16师团的一等兵东史郎这样描述:

冷彻的夜空里群星闪烁,中国军队的机枪弹像流星一般飞过,接着更多的机枪子弹嗖嗖地在夜空里飞响。很快,迫击炮弹也开始嗖嗖地穿行在夜空。机枪和迫击炮弹在空中织着漆黑的冷纱。这是多么凄厉而激烈的枪炮声啊!这是地狱的演奏会,是残酷狰狞的杀戮破坏的犬吠。

英勇的迫击炮部队

应该说，日军士兵的文化素质都比较高。残酷的战争在他们的笔下，都会变“美”，这实在让人无法理解。“织着漆黑冷纱”的迫击炮弹道极度弯曲，被中国士兵们亲切地称为“翻山炮”。无论是在山路崎岖的两湖赣桂，还是在连绵起伏的太行山上，迫击炮作战轻便灵活，不需要专门构筑射击阵地，士兵可以搬运，随时击发。中国军队利用山地地形，运用迫击炮灵活地打击日军，创造出一个个优异战绩。

但由于迫击炮威力小，射程近和精确度较差，在正面大战中，根本无法压制日军的大炮。日军第16师团在攻击银杏山时，两个105毫米野战加农炮中队，一个150毫米重型加农炮中队和一个野战炮中队，以万米距离进行压制性射击，逐个摧毁了中国军队所有火力点，而中国军队则无力回击。

在抗日战争中，中国军队一共发射迫击炮弹超过600万发，一次又一次地在中近距离轰击日军，拦阻日军进攻。如果说，苏联军队在二战中靠的是火箭炮猛烈的齐射，美军靠的是轰炸机地动山摇的大轰炸，那么，中国军队靠的就是不停组织迫击炮进行群射。装备的低劣，让中华儿女过多地牺牲了自己的生命，这实在是一页惨不忍睹的血写的历史。

南京保卫战
一位将军竟被逃难的人活活踩死

光华门,是南京明城墙内城十三座城门之一。明朝时称正阳门,位于南京御道街最南端。20 世纪 30 年代,正阳门更名为光华门,并由单门洞改建为三门洞城门,可以满足当时交通的需要。

谢承瑞将军

1937 年 12 月,日军向光华门发起了进攻。守卫光华门的,是国军教导总队的谢承瑞团。

光华门是日军攻打南京时战斗最激烈、伤亡最大的一座城门。

12 月 9 日拂晓,日军胁坂部队进抵光华门,与中国守军展开激战。日军在飞机、野山炮和坦克猛烈轰击下,城墙东南角被炸塌,城门沙袋掩体工事被击穿。傍晚,少数日军由此冲入城内,并占据主城门。

攻击光华门的日军指挥官叫胁坂次郎。他是日本战国时代胁坂安治的后代。胁坂安治是日本战国时代丰臣秀吉的七武士之一,功勋卓著。由于祖上有功,胁坂次郎在日本军中比较傲慢,不把他人放在眼里。并在战场上常常挥舞着一面祖传的红旗指挥战斗。在不久前的淞沪会战中,他就手舞着红色小旗上了东京报纸的头条。

一看形势危急,教导总队长桂永清急了,赶紧派出了第 87 师 259 旅增援,之后让宪兵教导第 2 团和 156 师等部增援。

很快,少数入城日军被歼。12 月 10 日,在增援部队配合下,中国守军以大量集束手榴弹、机枪和步枪与日军激战,为夺回城门、堵住城墙缺口,第 87 师 259 旅易安华旅长阵亡。10 日傍晚,日军山际喜一少尉怀揣一面巨大的日本国旗，冒死带领100多名日军沿爆炸形成的斜坡冲上了光华门，使出吃奶的劲儿把膏药旗竖在那里。这是第一面出现在南京城头的日本膏药旗。看到光华门城墙上竖起的日本膏药旗，远处的日军士兵一阵欢呼。

南京光华门抗战遗址

可欢呼过后，他们发现，想增援城墙上的日军，扩大胜利果实，可就太难了。中国军队用6挺捷克式机枪和迫击炮封锁了宽阔的路面，大量杀伤冲锋的日军。随后对攻上城头的日军逐一消灭，直到城头的日军没有了子弹。那个组织抢占光华门城头的少佐叫伊藤善光，他也被守军击毙，插在光华门城头的那面膏药旗，被国军士兵轻蔑地扔下了城头。

光华门一战，被日军视为突破南京城垣防线的日子，日本新闻媒体大肆渲染，“期待已久的太阳旗飘扬在南京城头的日子终于到来了”。于是日本全国上下一片疯狂。人们从报纸上印有的醒目的南京地图上，兴奋地指着，“就是这个城门，就是这个城门”。中国守军用事实证明，这仅仅是日本报界记者们臆造的“占领”，不仅没有占领，还损兵折将，军界为此大为光火。后世专家评述，城垣保卫战，在抗战中虽不及长城保卫战之影响，但也鲜有其他城墙保卫战可与之一比。

那个负责守卫光华门城墙的指挥官之一——教导部队第1旅第2团的团长谢承瑞，时年只有33岁。出生于江西南康的谢承瑞留学法国，在法国兵工大学上预科三年，此后即升入法国兵工大学。1929年2月毕业后，谢承瑞又转入法国炮兵大学学习，直至1930年4月学成回国。1935年，应中央军校教导总队总队长桂永清之邀，他担任教导总队军官队的上校军事教官。教导总队总队长桂永清就是留德的学生，属下多名将校都是留学生，应该说，这是中国军事队伍中很强的一支队伍。

回到光华门战斗。到了12日，光华门再度被日军突破，谢承瑞团长亲率战士用十余挺机枪的火力，将第二次攻进城的日军悉数歼灭，并用沙袋重新堵塞缺口。当夜，中国守城部队撤退，胁坂第36联队占领了残破的光华门。

光华门一战　弹痕累累

直到13日上午，中国守军因失去统一指挥而大溃败前，光华门的城头始终都飘扬着我守军布满弹孔、残破却坚毅的旗帜。光华门一役，日军攻城达数十次之多，阵亡800多人。甚至有资料显示，当时日军担任主攻的最高指挥官谷寿夫因此役的失利，曾想过剖腹自杀。

据教导总队辎重营营长郭岐记载，转进命令下达后，各级部队都在向下关方向撤退，宽敞坦荡的大马路上，一片大乱的情景，人潮汹涌，遍地凌乱。各级官兵似乎也无意跟着部队行进，没有人知道他们挤向前去的遭遇，更遑论未来的命运，唯一的目的就是只有往前挤进去。

可在下关江边，守卫南京的总司令唐生智命令总预备队把通往下关的挹江门给封了。由于通信中断，守卫挹江门的士兵没有接到撤退的命令，堵在挹江门口不让通行，强行通过就开枪阻击。一时间，挹江门外出现了大混乱。

南京挹江门

那天,守卫光华门的谢承瑞团长也在里边,他本身患病就没有好,在指挥作战时又被火药熏伤,坚持走到挹江门已是不易。尽管有卫兵保护,但架不住人多拥挤。等到守军接到命令放行时,小小的挹江门口出现了人踩人的惨剧。没有人知道,当时有多少人被踩死,遗憾的是,谢承瑞团长也不幸被活活踩死在挹江门。

后来,有人对教导总队总队长桂永清说:

“我们教导总队出身的将士都是一流的军事人才。”

桂黯然回应:“一流的都在南京殉国了,现在剩下的都是二流的,包括我在内。”

那人问:“谁是一流?”

桂回答:“谢承瑞。”

1938 年,谢被追认为陆军少将。

1988 年,国家民政部批准谢承瑞为革命烈士。

美飞行员肖特被授抗日英烈称号

2014年9月,中国国家民政部公布的中国人民抗日战争第一批英烈名单中,共有三百个著名抗日英烈和英雄群体。这300个抗日英烈和群体中,美籍飞行教官罗伯特·肖特赫然在列,他是谁?竟和国人皆知的加拿大援华医生诺尔曼·白求恩并列?

今天,我们来一起认识这位永远27岁的美国小伙子肖特。

罗伯特·肖特

肖特全名罗伯特·肖特,1905年生于美国华盛顿州泰科玛,曾为美国陆军航空兵飞行员,退役后任盖尔飞机公司驾驶员。

1930年,肖特来到中国,主持美国盖尔飞机公司的在华业务,推销美国战机。肖特推销的战机,技术上很先进,但价格特别高。当时的中国还很穷,对于高昂价格的飞机望而却步。

战机没推销出去,战火却不期而至。

随着日本侵略者在东三省,继而在上海点燃战火,充满正义感的肖特怒不可遏,决定作为志愿者支援中国人民的抗日战争。他对亲属表示:

我是中立国人,无所偏袒其间,但作为人类的一分子,看到日军做出这种不像人的野蛮残杀行为,我怎能忍受!为了人道主义,我与之誓不两立!倘若为此而献身,我亦心甘情愿。一旦我牺牲了,请告知我父母,我没有什么遗憾。

1931年6月,国民政府军政部航空学校聘他为飞行教官。他不仅训练中国飞行员,而且直接驾机在空中与遭遇的日本飞机作战。

局势越来越紧张，中国政府购买了一批飞机，准备用于抵抗日寇的进攻。为避免它们遭到日机的轰炸，1932 年 2 月中旬，肖特奉命将其中一架飞机从上海转场到南京去。可是，飞机刚飞到吴淞口上方，就遇到了三架日机，带队的飞行员叫所茂。在 1 比 3 的劣势下，肖特凭着高超的飞行技术，与敌人进行了近 20 分钟的激战，最后击落、击伤飞机各一架，肖特和他所驾的波音 281 飞机安然无恙，安全降落在南京。

波音 P－12 战斗机（波音 281）

1932 年 2 月 22 日下午 4 点，日军小谷大尉、生田大尉分别指挥三架侦察机、战斗机赴葑门机场一带侦察、轰炸，想把这一机场扼杀在襁褓中。这时，从南京返回的肖特驾一架旧飞机经过苏州上空。

发现这一情况后，肖特立即向日机发起了进攻。在短暂而惊心动魄的空战中，肖特先后发动了三次攻击，小谷所驾日机被三发炮弹击中，炮手、一等航空兵佐佐木左腿负伤，飞机在逃往上海杨树浦机场时坠毁，小谷当场死亡。小谷是日本海军航空兵在战斗中毙命的第一人。

那场空战持续近十分钟后，日军机群转向东南逃跑，肖特紧追不放。但因寡不敌众，不幸被日机炮弹击中，坠落在距离苏州 10 公里郊外的独墅湖中，年仅 27 岁的肖特壮烈牺牲，成为我国对日作战中第一位捐躯的外籍飞行员。

罗伯特·肖特殉难处

中国空军褒奖肖特的大无畏精神，除追授他空军上校军衔之外，还邀请他的母亲及胞弟埃蒙德来到中国出席葬礼。在宋美龄做礼拜的上海沐恩堂教堂，挤满了城市显贵和来宾。一万名市民列队在街道两旁，灵车后面跟随着4匹白马、45辆花车和300辆私人汽车，沿着静安寺路到达肖特被埋葬的虹桥机场。以最高礼仪将他厚葬在上海虹桥机场附近。上海市为此特地下半旗志哀。苏州吴县人民更建造了一座雪白的"赠上尉美国肖特义士碑"永久缅怀。

生田、黑岩、武雄（自左至右）

击落肖特飞机的日军飞行员叫生田乃木次,和肖特同岁。在日本战史上,这也是日本空军在海外的首次交战,同时,也使生田成为日本空战史有击落记录的第一人、日本空战史上的第一个荒鹫武士。

1932 年 12 月,生田乃木次从日本海军退役。战后,他开办了一所针对贫困儿童的托儿所。退役前,生田乃木次就有寻找罗伯特·肖特家人的想法,42 年后,他辗转联系到了肖特的弟弟埃蒙德,并给埃蒙德写了封信。

这封信的主题不是道歉,毕竟是命运将两个人带到了同一片战火纷飞的天空中。生田乃木次在信中写道:

你哥哥作战勇敢,他的事迹我永远铭记。他一个人挑战六架飞机。他的勇猛将代代相传。他的勇气无人能比。

对于肖特的死,他在回忆录中提到:当年肖特义无反顾地咬住轰炸机不放是因为不远处的苏州车站上,一列满载妇女与儿童的难民列车正要出站,而车站正是我们空袭的目标。由此可以看出,肖特是为了保护这些妇女儿童不被日军攻击而挺身出战的。

小学生参观肖特事迹展览

热血男儿
中国上空激战日寇

武汉会战结束，中国空军主力撤入四川。战斗机配属重庆，保卫陪都；苏联志愿轰炸机大队和空军1大队留守成都，决定适时出动，反击日寇。

日本空军(资料图)

1939年5月8日，日本海军航空队开始对成都进行轰炸。6月11日黄昏，日海军第1联空第13航空队再次袭击成都。当时，遂宁、金堂方向提前发出警报，中国空军5大队27架战斗机迎战。他们爬升到4200米高度进行拦截，19点30分开战，17中队岑泽鎏队长率先发现敌机9架日本海军的三菱96轰炸机，便将编队中最前面的敌总领队指挥机咬住一阵射击，成都上空的首次空战就此展开。

中国空军(资料图)

经过5大队的轮番攻击，敌轰炸机难以承受，仓促间投下了部分炸弹，向东南方向逃跑。是役,敌机共炸死平民226人、伤32人,毁坏房屋4700余间。是役击落敌96式轰炸机3架,击伤数架,我机无一损伤。

1939年10月,中国方面得到情报,200架日机停泊武汉王家墩机场。中苏空军决定联合作战,轰炸日机。

10月3日上午9点,苏联志愿航空队9架轰炸机出动,每机携带了10枚100公斤的炸弹直扑王家墩。日机在中国猖獗惯了,以为没有人敢把他们怎样。当时,海军木更津航空队的6架新型轰炸机停泊在机场内,日本第一联空司令官冢原二四三少将出席迎接新机的仪式。

就在这时,神兵天降。由于事前就有这座机场的详细资料,轰炸时跟飞行演练一样迅速,机场顿时成为一片火海。日海军航空队5名官佐被当场炸死,冢原二四三被炸掉左臂。40多架飞机被炸毁,油库和航运器材库一部分也被炸毁,而苏联飞机仅一架负伤。下午3点40分,9架轰炸机悉数返航,降落成都太平寺机场。

10月14日,如法炮制。上午8点30分,苏联志愿者航空队20架轰炸机再次飞抵王家墩机场上空。依照上次轰炸经验,除携带炸弹外,又追加50公斤燃烧弹和14公斤杀伤弹多枚;12时30分,第二批6架抵达,此战共炸毁日本轰炸机66架,战斗机37架,炸死日本飞行员60余人及陆海军官兵300多人,这是日军遭受到的最沉重的一次打击。

奥田喜久司

11月4日,日本海军报复性地派出了在武汉的所有96式轰炸机72架,由第13航空队司令"轰炸大王"奥田喜久司大佐指挥,直奔成都。中国空军地面情报网报警,5大队出动两批战机进行拦截。一场恶战之后,轰炸大王奥田座机被击毁,奥田当场毙命。

奥田喜久司是日本海军航空队著名的指挥官,日本海军早期最重要的轰炸机部队领军人物之一,也是在中国空战中死亡的最高将领。日本海军航空兵震动巨大,日酋入佐俊佳听到奥田的死,黯然摘下了自己的衔章说,"我出击的时候就不带任何表明身份的东西了,死了,就无名地死掉吧。"

同样是11月4日那一天,有日本陆军"名将之花"之称的阿部规秀也踏上了死亡之路。

抗战中的中国空军机场

1941年,中国空军换成了伊-153新型战斗机。3月14日,日军派出了12架零式战斗机护航10架轰炸机再次前来成都寻战。中国航委会也想试验一下苏制新机的战斗力,中国空军上下非常重视。先后派出了三队31架战机与敌对阵。起初,我空军以逸待劳,占据高度优势向敌机发动奇袭。但是,在随即的战斗中,由于敌零式战斗机的格斗性能良好,水平盘旋半径、爬升率和最大速度等性能,都远在我伊-153之上。因此,日本零式战斗机居然很快从遭奇袭、高度低、被咬尾的一系列不利局面中摆脱出来,利用其远胜于我的机动性反超。在这场空战中,中国空军被击落8架伊-153,连带迫降损失共计16架。第五大队大队长黄新瑞、副大队长岑泽鎏、中队长周灵虚、分队长江东胜、飞行员任贤、林恒、袁芳炳、陈鹏扬等8人牺牲。这是中国空军自抗战以来的一次重大损失,仅次于"九一三"璧山空战。那一仗我空军一次损失了20多架飞机。

至此,中国空军的主力飞行员85%以上已经损失。事后,成都空军司令杨鹤霄被撤职。第五大队被撤销番号,改称无名大队,队员一律佩戴"耻"字臂章,以示不忘空军的奇耻大辱。

抗战时期中国的坦克部队

抗战中,你要问中国士兵最怕日军的什么？一是飞机,二是坦克。抗日战士们给日军坦克起了个名字叫“铁王八”。

鬼子的“铁王八”很厉害,我们只能拿五六个手榴弹捆在一起去炸,先用重机枪装上钢芯弹打断他的铁轮带,但那“铁王八”还是在那开枪,一定要炸掉。有时候为了炸掉一个“铁王八”,要死上百人。

1932 年长城抗战,身为 17 军军长的徐庭瑶被日军装甲兵刺激得不行。战后,他立即上书蒋介石,建议成立中国人的坦克部队。

维克斯 6 吨坦克

得到蒋介石的批复,1935 年,中国从英国购进两栖坦克 32 辆,成立了战车教导营。随后,中国又购进德国“克虏伯”战车 16 辆、意大利 CV－33

超轻型坦克 20 辆,创建“陆军装甲兵团”。

意大利 CV－33 超轻型坦克

徐庭瑶成立了装甲兵团,这是当时中国第一支也是唯一的一支坦克部队,徐将军由此被称为“中国装甲兵之父”。

徐庭瑶将军

中国坦克兵,第一次抗击日寇是在 1937 年的“8·13”淞沪会战中。当时,装甲兵团给负责守卫上海的张治中将军调来了两个战车连,用以清除马路上的坚固障碍。

两个战车连配属给攻打杨树浦的 87 师。战车连的两位连长也是黄埔学生,他们在观察战场的敌情后,迟迟没有下命令。张治中急了,请你们到上海,不想打仗,如何能行？必须攻击,否则不要来见我。

两位连长无奈,明知鸡蛋碰石头,还是硬着头皮启动了战车。当时中国刚引进坦克不久,对于战法从来没有和陆军演练过,坦克攻击,后面没有步兵协助,成了光杆司令,极易对付。很快,两连坦克全部报销,两位连长也壮烈牺牲。

步炮协防,是在付出了惨重代价之后才学会的。到了 1938 年,装甲兵团扩编为第 200 师,杜聿明任师长。台儿庄战役时,装甲兵“共计击毁击伤敌装甲车、坦克三十多辆”,缴获“中小型坦克八辆”“一五点八重炮二门及履带式牵引车四辆”。经过几次战斗，国军坦克损失殆尽。

李宗仁在自己的回忆录中讲述，台儿庄战役时，中国炮兵击毁了日军的弹药库，日军油料告罄。战后打扫战场时，发现了十多辆日军坦克毫发无损，一检查原来是没有油了。于是从这些坦克中挑选了13辆比较新的，用列车运送到湖南的装甲兵学校，供学员们当教学用，这也算是一次不小的收获。只是李宗仁将军的记功和杜聿明师长的记功有没有重复计算，就不得而知了。

台儿庄战役后，国民政府向欧美各国又购进了一批武器装备，这当中有九吨半的战车80辆，德国造彭斯柴油卡车百余辆，美造福特卡车400余辆，美造哈雷二轮、三轮摩托车40余辆。200师由此下辖两个战车团、两个摩托化步兵团和一个战车防御炮团，以及特务营、通信营、搜索营等，总计2万余人。

苏制T26B型坦克，昆仑关战役中国军队使用了此种坦克

1939年11月15日，日军两个师团和一个陆战旅团在广西北部湾登陆，随后占领了钦州和防城，11月24日占领南宁。

12月4日，当日军部队抵达战略要地昆仑关时，遭到了中国军队的强势反击。中国军队动用了步兵、山炮，以及从第200机械化师抽调的15辆坦克对日军展开了攻击，几天之后收复了昆仑关周边要地，从侧翼运动的第200机械化师的坦克，也把昆仑关内的日本守军全部包围。这次行动消灭了日本第5师团从台湾抽调的第21旅团,参加此役的日军第21旅团长中村正雄及三个大队长被击毙,4000多名士兵死亡,迫使日军在新年前撤出广西南部。

昆仑关一役,打出了中国坦克部队的威名。

1942年4月,日军在夺取仰光后,将英军两个旅和一个坦克营包围在缅甸的仁安羌油田地带。中国第200师从腊戌方向出击,解救危在旦夕的英军,经过四天四夜的激烈拼杀,4月17、18日,由孙立人将军指挥的中国部队击溃了日本第33师团,击毙1000多名日军,俘虏500人,营救出7000名英印士兵,这是中国机械化部队在缅甸取得的第一次全面胜利。

M4A4 型谢尔曼坦克

1941年3月,美国政府通过《租借法案》,向中国输出第一批36辆M3Al坦克。不久,又向中国输出了35辆M4A4型谢尔曼坦克和44辆M5轻型坦克。在第二次入缅作战中,全部由美国人装备、训练的中国军队在缅甸北部一直战斗了7个月,向前推进了近千米,消灭了2万日军,本身却无一败绩。1944年12月抗战胜利前,又有800名日军被消灭,剩余的少数日军逃离八莫进入深山。

前清遗物　抗日战场显神威

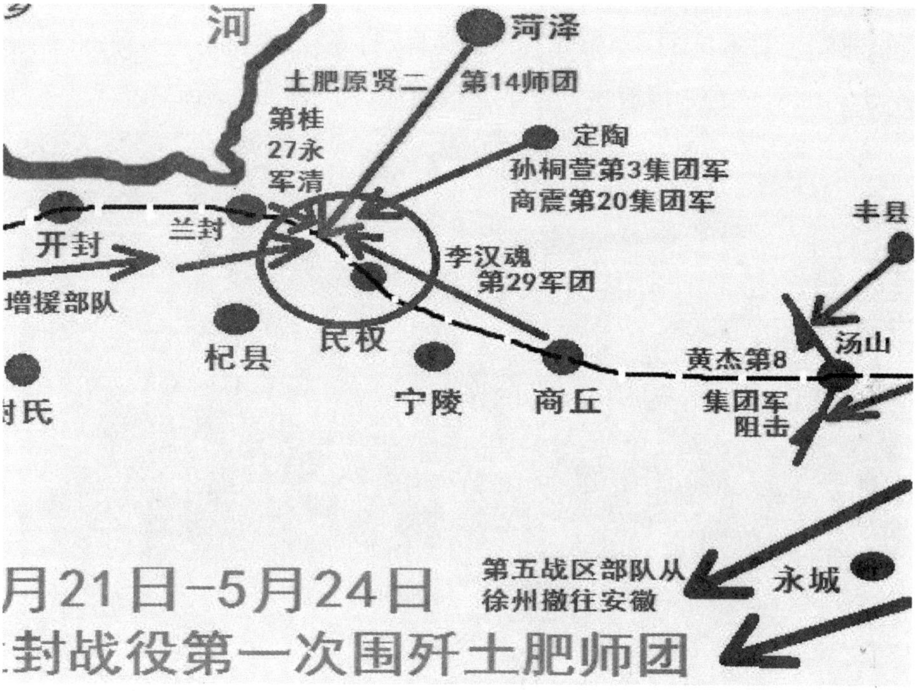

兰封会战示意图

1938 年 5 月，土肥原贤二带领日军第 14 师团孤军深入河南兰封地区。这是徐州会战以来，担任纵深迂回我军后方的一股日军。

第 14 师团是日本二战前 17 个常备师团之一，下辖 4 个步兵大队。1938 年 5 月，插入河南腹地的时候，还配有野战重炮第二旅团，独立野战重炮第 8 联队，独立机关枪第 5 大队，独立装甲车第一中队，迫击炮第 5 大队，高射炮两个中队和工兵架桥气球等 6 个中队，兵力超过 3 万人。

后期有个统计，说兰封会战，仅日军 14 师团的重炮力量，就超过了中国 200 万军队重炮力量的总和。

薛岳将军

当时中国军队的指挥官为薛岳将军。中国方面先后组织了74军、27军、71军、64军、32军和第17军团一部,共有15万军队。第一战区司令长官程潜将军放言,就是吃,也能把土肥原吃掉。

结果一交手,中国军队就处于下风。

豫东平原一望无际,方便机械化部队运动,日军充分发挥机动性强、火力猛的优势,经常深入中国军队防区,打了就跑,缺乏重武器、只有双腿机动的中国军队防不胜防。

1938年攻入河南的日本战车

5月19日,14师团主力攻占民权县的内黄集和内黄车站。

土肥原贤二

20日,日军装甲部队袭击兰封以西的罗王车站,刚到车站的27军36师和胡宗南先头部队受损。

陇海线上的罗王车站,介于开封和兰考之间,战略地位非常重要。早在抗战爆发前,这里就被钢筋水泥浇铸成了永久性国防工事,炮兵掩体、机枪掩体、隐蔽所一应俱全。谁知道战事发展,日军进兵太快,这些工事竟被日军给占领了。

日军的炮兵部队

25日,中国军队发起全面进攻。74军58师和64军155师奉命向罗王车站发起进攻。155师改编自粤军,师长李汉魂,也是一员虎将。

参加兰封会战的中国军队

第58、155师由南向北发起进攻。六七千日军利用列车、卡车堆积沙包或墙堡开凿枪眼构成工事据点,驻守罗王寨、罗王车站、石寨三处,互为犄角。那天晚上6点,第58师一度攻入罗王车站,但一小时后,日军施放毒气弹、疯狂反扑,攻入敌阵的我军被迫退出。

原想着把这支日军赶跑,谁知道骨头很难啃。58师师长冯法圣决定,集中炮火对日军阵地展开猛攻。

据记载,当时58师配备了六门德国克虏伯75毫米野炮。这些野炮还是清朝末年李鸿章李大人从德国进口的。那个时候,德国著名的克虏伯公司就已经注意销售的细节了。这些专门给中国定制的野炮的炮身铸有"大清光绪年间"和圆形祥龙标记。

克虏伯炮

克虏伯的原文 KRUPP。这个外来词进入中国之后，中国人给这个词起了一个非常威武的名字：克虏伯。中国人的精妙翻译足见中文的表达功力。我想，如果要评选外来词翻译的话，这个词和可口可乐一样，一定能够入选。

克虏伯公司位于德国西部的鲁尔工业区埃森。这个公司的前身最初不过是个小小的铁匠铺，做些不起眼的小生意。传到阿尔弗雷德·克虏伯时，他打造出了性能极好的“罐钢”，又用这种钢造出了优良的后膛钢炮。19 世纪中期，阿尔弗雷德·克虏伯生产的大炮使德国先后战胜了奥地利和法国，“克虏伯大炮”开始声名远播。

李鸿章对这个从三间茅草屋起家的德国人佩服有加，称其为“有大本领人”。李中堂只要跟洋务企业的总办、帮办们见面，总要讲讲克虏伯的发家史，他对中国的洋务企业充满了期盼。

克虏伯炮

1866 年 6 月 27 日，清政府第一个外交使团访问了德国。克虏伯公司派员热情款待，并没有因为中国是弱国而轻视这些中国人。德国人的尊重给清使团的团员们带来了极大的好感，回来就向朝廷进行汇报。1871 年，李鸿章大人拍板，一次性购买了 328 门克虏伯大炮。中国的战舰定远号、镇远号、济远号上装配的大炮都来自克虏伯公司。中国的四大炮台——天津大沽口炮台、上海吴淞炮台、广东的虎门炮台和海南的秀英炮台都安装着克虏伯大炮。

厦门胡里山克虏伯炮台

克虏伯大炮几乎就是中国海防的代名词，成为中国国防的骨干中坚，中法战争、中日战争、庚子之役等中国近代的重要战争中，随处可见克虏伯大炮的身影。民国建立后，已经在中国军队中服役了几十年的克虏伯大炮依然表现抢眼，虽是前朝遗物，却向来以质地好，射击精度高著称。

1937 年淞沪会战时，日军围攻吴淞口，两个月久攻不下，就是由于克虏伯大炮的威力。日本人每次攻下中国炮台，一定要在上面照个相，以显示他们的武力。

现在的罗王车站

让我们把目光再放回到兰封大战的战场。克虏伯大炮调整好射矩后，一阵轰击，这些刻着大清龙纹的大炮立即怒吼起来，把罗王车站的日军阵地炸了个四分五裂。使得日军只好将卡车临时充当掩体进行抵抗。74 军 58 师和 155 师的战士们通过单兵爆破，小组突击等方式,一步步向车站逼近,最后,罗王车站、罗王寨等地先后被我军收复。

这里还想多说一句克虏伯的功劳。在这次战斗缴获的战利品中,有一把土肥原自佩的指挥刀,足见这个老鬼子对罗王火车站阵地的重视和逃跑时的慌乱。

抗战中英勇悲壮的中国海军

在很多抗战的书籍中，都对中国海军的抗战一笔带过，大都这样表述：由于日本有着强大的海空力量，全国抗战初期，中国海军几乎全军覆没，海军成为陆地上的“海军”。抗战期间日本控制了中国的全部海岸线和几乎全部内河航道，中国海军只剩下名义上的了。

其实，抗战14年，中国海军一直在英勇抗击日本侵略者，只是表现形式与陆军和空军有所不同而已。

1937年，日本海军已拥有航母6艘，各类舰艇302艘，总排水量120多万吨，海军航空队有飞机1220架。当时的中国海军共有各类舰艇57艘，总排水量4.4万吨，是日本海军的1/30。9艘巡洋舰，有6艘是清代从国外订购的，1艘是张学良利用俄国商船改造的。中国海军没有飞机，空军的飞机加起来也只有314架，和日本海军比起来，根本没有办法抗衡。

抗战爆发前，蒋介石派欧阳格到意大利，想要购买潜水艇，遭到墨索里尼拒绝。1937年4月，海军部长陈绍宽赴欧洲访问，向德国提出了购买现役舰艇的请求，德国国防部长认为“有碍国体，未便从命”，只能以商业方式签订契约。于是，中国海军以商业的方式和德国国防部签约，购进大、中、小型潜水艇共6艘，潜水艇母舰1艘，鱼雷多枚。签约后不久，中德断交，合约随之失效。

就这样，战争的阴云飘来时，中国海军仍然两手空空。没有办法，只好先做打算，技术人员在上海购买大量制造水雷所需的器材后，全部撤往内地。8艘舰艇分驻长江口、闽江口和珠江口，其余49艘舰艇陆续驶入长江待命。

中国海军舰艇(资料图)

8月11日,海军部命令3艘测量舰破除江阴下游航行标志。

8月13日,淞沪会战爆发。14日,海军将运输舰"普安"号和几艘民船沉塞黄浦江董家渡,6艘轮船沉塞江南造船所附近航道,14艘商船沉塞十六铺,4艘收缴的日本商轮沉塞黄浦江烂泥渡。在黄浦江内构成了三道防线,同时布放水雷,封锁淞沪周边各航道、港汊,阻止日军包抄我陆军后路。

8月15日,海军两艘鱼雷艇向日本第三舰队旗舰"出云"号发起攻击。由于技术原因未能成功,引起了日本海军的恐慌。自20日起,日本海军航空队对中国海军驻沪司令部、造船所、军械处、电台站、飞机制造处、警卫营住地、仓库码头等进行轰炸。正在修理当中的"永健"号炮舰与敌机相持几日,被炸沉没。这是在抗战爆发后中国损失的第一艘军舰。

26日,中方"皦日"舰在通州遭到了3艘日舰的围攻,被击沉。

尽管海军遭到重大损失,但海军将士依旧没有气馁,继续进行秘密敷设水雷的工作。9月7日晚,日军在上海浦东用于登陆的趸船和两艘汽艇被炸毁。19日凌晨,特务兵王宜升、陈兰藩等携水雷,泅水炸伤"出云"舰尾部,周围日海军铁驳船4艘、小火轮10艘遭重创。

9月中旬,侵入中国的日本军舰增至120艘,战斗更加激烈。由于中国海军在沿海及各港汊敷设水雷,使日舰屡被炸伤、炸沉。直至高昌庙失陷,日本海军仍不能前进。同时,中国海军还把自己配备的高射炮供给浦东陆军,扼守要隘,战事吃紧时,海军警卫营也投入了阵地战。

从9月下旬以后,中国海军的对日作战主战场已逐步转移到长江航道。

受到重创的中国海军舰艇

江阴位于长江下游,地处京、沪之间,是通往南京和长江上游的门户。长江下游江面一般宽约3至4公里,到此渐渐收窄,仅有2公里左右,地势险要,是扼守苏州、常熟、福山一线的要冲,是历代兵家必争之地。

8月11日晚,8艘军龄较老的舰艇和海军征用的20艘船只沉入江阴。随后,中国海军又把镇江、芜湖、九江等地的8艘日本趸船拖往江阴进行堵塞,征用石子3000多方和大量柳枝,装入185艘民船和盐船陆续沉江以弥补空隙。海军在阻塞线外侧敷设水雷,阻止日军西进。

中国海军沉塞船只阻碍日军西进

8月16日，江阴要塞阻击战爆发。

日机分批向驻守江阴的中国海军第一舰队进行空袭，列阵的4艘舰艇用高射炮、高射机枪和江阴要塞的防空武器进行防御。耗时1个月，日军没有得逞还损失了一架飞机。

海军"逸仙"舰

9月22日，日本海军派出"加贺"号航空母舰和第二联合航空队108架飞机，轮番到江阴上空进行攻击。中国海军官兵历时6个小时，浴血奋战。阵亡11人，负伤23人，击落击伤日机5架。"平海""应瑞"两舰受伤。

23日，双方再度展开猛烈对战，各舰官兵抱着与舰共存亡的信念，坚守岗位，向日寇进行反击，击落日机4架，击伤多架。"平海""宁海"两舰先后被炸中要害，沉入江中。

中国海军舰艇（资料图）

25日，"逸仙"舰遭16架日机轮番轰炸，在两舷附近投弹20多枚，弹片横飞，水柱冲天。该舰舰首主炮击碎两架日机，其余飞机仓皇逃走。"逸仙"机舱的机柱被炸断，舵舱进水，舰身向右倾斜，搁滩下沉。"建康"号在龙梢港与日机遭遇，全舰官兵用高射机枪和步枪猛烈射击。阵亡7人，受伤27人，军舰各舱同时进水，倾斜下沉；海军部长陈绍宽派曾以鼎率"楚有"舰赴江阴接防。10月2日，"楚有"遭日机追踪投弹，下沉倾覆。

江阴封锁线保卫战粉碎了日军3个月灭亡中国的迷梦，阻遏日军西进，保护了长江下游军政机关、工矿企业向大后方转移，为国民政府以空间换取时间做出了卓越贡献。江阴一战后，中国海军舰艇和官兵损失惨重，已无法抵御日军的进攻。军委会决定海军退守长江两岸，将舰炮卸置岸上组建炮队，对敌舰实施腰击。

无锡、常州陷落后，海军在巫山设立炮位，安置舰炮 4 尊，迎击日军。11 月 30 日，5 艘敌舰向六助港接近，队长陈秉清下令开炮，击中敌舰 1 艘。

12 月 1 日，以猛烈的炮火支援陆军突围，一直坚持到 3 日晚，在大部分守军撤离后，各区海军炮兵才破坏炮台，依次后撤。

南京失陷后，海军沉船 39 艘，设人工暗礁 30 处，加紧布防马当封锁线。将荻港至九江间航标逐次毁除，在官洲港道、东流和马当之间水道布设水雷 800 多枚。在娘山、牛山、鸡公嘴构筑坚固炮台第一、第二、第三台，共置舰炮 8 尊，配以 200 多人的海军新编炮队及 1 个团的海军陆战队。另派"宁"字、"胜"字各炮艇轮流在封锁线附近严密逡巡，监视日舰行动。海军投入了 40 多艘舰艇参加了武汉会战。海军部长陈绍宽先后以"咸宁""永绥""江犀"为旗舰，往来于马当、汉口、岳阳、长沙等地指挥。

3 月 27 日起，日军开始向马当进攻。海军派出游击队在香口、羊山矶等地施放定雷、漂雷，4 月 14 日，炸沉敌舰两艘，沿江防务得到缓解。6 月 22 日，日军 10 多艘满载士兵的汽船在军舰的掩护下，向炮台发起进攻。各台官兵沉着应战，当敌迫近时，突发子母弹，击沉敌汽艇 3 艘，其余迅速向下游逃窜。25 日，日舰被我炮台击中起火，舰上一片混乱。日舰火力被我压制，无机可乘，纷纷逃窜。

26 日晨，日军海军陆战队从香口登陆，迂回进攻马当要塞，炮台附近出现敌军。中国海军江防守备队经过 5 昼夜激战，在消灭了大量敌军后，伤亡惨重，退守青山坝、彭泽。

湖口为第二道阻塞线和布置水雷区。6 月 21 日，中国海军派舰艇布雷，前后投放 1200 多枚，使敌舰无法进犯，只得改由陆军担任前锋。7 月 4 日，敌陆军进至湖口，逼近炮台，守军忍痛卸下炮闩撤退。

7 月 25 日，九江失守，九江至汉口各航行标志已被先行毁除。随后，瑞昌、宿县、黄梅于 8 月初相继失陷，敌军舰协同两岸陆军齐头并进，长江沿岸战事更加剧烈。中国海军改变消极防御战术，布放漂雷，顺流而下，炸沉炸伤多艘敌舰艇，取得了明显的成效。

鄱阳湖为通往南昌的重要水道，军事价值至关重要。为防止日军深入江西腹地，海军调遣“宁”字号炮艇和配有武器的大小火轮多艘担负湖防，于6月分别在鄱阳湖口和姑塘布雷。中国海军的强行布雷，给敌舰艇深入鄱阳湖和西进构成极大威胁，迟滞其行动。到1939年3月日军进攻南昌时，他们赶运100多枚水雷布设在鄱阳湖、赣江各水道，增加了防御力量。

布雷队使用的水雷都是由我国自己生产的。根据作战需要，水雷制造所不断搬迁，从上海先后迁移到无锡、武昌、长沙、岳阳、常德，最后在辰溪落稳脚跟。布雷队使用的水雷主要是漂雷。海军战士们往往将布雷中队分成若干个布雷小组，每组三五人。他们先从后方领取水雷，用人力携带或小车隐蔽推运等手段，将水雷运送至长江边，然后在日军控制薄弱的地方放下水去。运送一枚水雷往往需要几天，甚至十几天的时间才能到达江边。这期间，他们要通过日军占领区，昼伏夜行，忍受饥饿，有的遭日军俘获，惨遭杀害，所忍受的艰难可想而知，但他们无所畏惧，一直坚持向长江中布放水雷。田家镇要塞失陷前，坚守的海军冒险在半壁山以下加布水雷，在田家镇大批施放漂雷。

遭到攻击正在下沉的海军舰艇

武汉沦陷后，海军舰艇始终在武汉上游警戒布防。24日上午9时，“中山”舰在金口江面与敌机开始接触，到下午3时许，6架敌机成一字阵鱼贯向军舰冲击，全舰集中火力对空射击。敌机高速俯冲投弹，舰体渐向左倾，舰首又中弹着火。舰长萨师俊在瞭望台沉着指挥，脚被炸断，臂部也负重伤，但仍坚守岗位，下达命令。后来，日机又轮番轰炸、扫射，萨舰长壮烈殉职！“中山”舰官兵24人阵亡。下午3时50分，“中山”舰沉于金口江底。

1943年，“鄂西保卫战”前后，驻守石牌要塞的中国海军，一直冒着日机、舰炮的猛烈轰炸，向长江中布放水雷，同时，用要塞的十门巨炮向日舰猛烈轰击，有效地消除了日舰对国军陆军的威胁，保证了鄂西会战的胜利。

中山舰及舰长萨师俊

江阴、虎门、武汉三战，中国海军舰只损失殆尽。然而，中国海军却并没有屈服。失去了战舰的海军官兵组成布雷队，继续和日军作战，在敌后沉重地打击了日军的补给线。

日本随军记者回忆，中国海军“在江面上布下了无数的水雷，南京和汉口之间成了可怕的水雷区。”“以近藤英次郎中将为司令官的海军十一战队，一边同两岸的敌军作战，一边排雷前进。这就是后来有名的长江溯江舰队。这支舰队派出十几艘扫雷艇，每二艘之间拉上钢缆进行扫雷，但是由于水雷太多，好多扫雷艇都触雷沉没了。炮舰、运输船也相继触雷，损失惨重。”一支执行登陆任务的舰船触雷后，“江水升起了巨大的水柱，船被炸成两截。船上的记者若月，同盟通讯社的下津久男，以及六十多名陆战队员全被抛入江中，被江水吞没了……一旦落水，连尸体都浮不上来。”

从布雷总队成立到抗战结束，仅在第3布雷区就布下水雷1370颗，炸沉日军大型军舰3艘、中型军舰8艘、其他舰只103艘，5000余名日军伤亡。

美国“密苏里”战舰　日本无条件投降

1945年8月15日，日本无条件投降。9月2日，在美国”密苏里”号战列舰上举行了盟国受降盛典，海军总司令陈绍宽上将代表中国海军受降。遥望茫茫海疆，那些前仆后继、为国捐躯的海军将士，含笑九泉。

抗战女兵66年回家路

1938年3月,台儿庄战役打响。

离主战场西南70公里远的陈塘村被设为临时后方医院,接收从前线负伤的战士。

就这样,陈塘村的家家户户都在收治伤员。那一天,陈塘村的陈刘氏家抬进了一位女兵。陈刘氏后来给他的孙子陈开灵介绍说,这位女兵当时穿着的军装很新。她从负责抬送担架的民工嘴里得知,这名女兵是一名护士,当时在战场上救治伤兵。她所在连队在台儿庄东18里处江苏邳县禹王山附近遭遇日军袭击,连长不幸中弹倒地。女战士上前抢救连长,一名冲上来的日本兵挥刀将连长砍死。女兵顺手在地上摸石头准备砸向这名日军,就在这个时候,女兵左胸中弹,倒在地上。后面的士兵冲上去,把她抢救下来,转运到了陈塘村。

最美抗战女兵遗照

当时的医疗条件很差,伤兵很难得到及时救治。陈刘氏所做的工作就是帮这名女兵擦洗伤口,送水喂饭。女兵伤得很重,身体非常虚弱。她在嘴里不停地喊着妈妈、妈妈。陈刘氏很难过，通过简单的交流得知，女兵只有18岁，从湖南来，是湖南女子中学的学生。那一年，陈刘氏也才28岁，她懂得一个女孩子想念母亲的心。她安慰这名女兵，女兵给了陈刘氏两枚银圆、一把匕首、一张照片和一封信，托她寄给自己的母亲。陈刘氏哭着答应了女兵的要求。

第二天黄昏，这名女兵不幸去世了。陈刘氏随民工们一起，把女兵抬到了村子东头的乱坟岗。

女兵牺牲后不久，在日军合围下，徐州国军分头撤离战场，陈塘村的老百姓逃出了村庄。陈刘氏后来回忆，出去躲难的十多天里，一直在下雨。等回到村里时，陈刘氏发现女兵托她寄的信已经沤烂，辨别不出字迹了。她很是懊悔，这件事从此成了她的一块心病。每年清明节的时候，她都会去坟前给这位湖南女兵的坟头烧一把纸钱，寄托她的哀思。

时光荏苒，一晃到了1967年。那一年要在乱坟岗平坟造田，陈刘氏带着她的孙子陈开灵到埋葬湖南女兵的地方，指点坟墓位置，并给她讲述了她多年的心病，嘱咐陈开灵要为女兵上坟烧纸。

这里插句话，据后来的战史记载，徐州会战在禹王山附近作战的部队的确来自湖南。

当时负责作战任务的部队长为22军军长谭道源，这也是一位有着传奇色彩的人。他长毛泽东6岁，是毛泽东唯一的拜把子兄弟。1937年初，他率部参加了淞沪会战，紧接着，又被划归五战区汤恩伯将军指挥。

1938年初，著名女作家谢冰莹在长沙组织了许多学生开赴抗日前线做后勤工作。徐州一战，面对日军合围，谭军长率部激战五日，不敌日军火力，率长官部撤退途中又遭日军追击。他的副官受伤被日军捉走，长官部的卫兵、护士、随从全部战死，只剩下他和参谋长李家白逃脱。1938年2月回到长沙后，谭军长辞去军职，改做行政工作，1946年去世。

从1967年到1983年，在这16年的岁月里，陈刘氏每年都要带着孙子陈开灵到女兵的坟上烧纸。1995年，85岁的陈刘氏去世，她去世前，把女兵的照片郑重地交给了孙子陈开灵，并反复嘱咐他，千万不要忘记给女兵上坟。陈开灵成为一名人民教师后，仍一直没有忘记奶奶的嘱托。

2004年5月,徐州的《都市晨报》开展抗战征文。陈开灵把奶奶的经历写成了一篇文章拿去报社参评。在报社,他偶遇了一位父亲是抗战老兵的热心人王先生。听完这个故事,王先生十分感动,他向陈开灵讨要到这位女兵的照片后,复印了150张,发往全国各大媒体,提议共同寻找这位美丽抗战女兵的真实身份。

看完这一报道后,许多人的心灵受到了震撼。有网友留言称"看了这个故事,男儿有泪不轻弹的我怎么也抑制不住自己的情感,眼泪刷刷地不断涌了出来……"更多的网友则希望有热心人能伸出援手,帮这位无名抗日巾帼的英魂早归故里。

埋葬最美抗战女兵的地方

说句实在话,看这篇报道的时候,我也不能控制自己的情绪,中国人的思乡情怀、故土观念一下子被拨动了,眼泪止不住地往外流。

就此,一场媒体大型公益行动——寻找抗战无名女兵家人在江苏和湖南两地展开。这场公益行动,引起了谭道源将军的孙子谭正的注意,他也参加到了寻找抗战无名女兵家人的行动,并主动提供了大量的资料。

没有女战士的名字,没有女战士生前就读学校的确切名称,仅凭几条简单的线索,简直是大海捞针。徐州档案局的工作人员还说,到台儿庄纪念馆去吧,那里或许能够找到大家想要的资料。为完成湖南女兵遗愿,很多个日子里,记者、热心人辗转山东台儿庄,江苏徐州、南京等地,继续追寻湖南女兵及其所在部队当年血洒疆场的英雄足迹。

穿越66年的漫漫时空,那是一位18岁少女的不朽青春。66年前,她离开家乡,远赴江苏,投入了抗日的洪流,在一次与日寇的遭遇战中不幸牺牲。66年后,往事被《潇湘晨报》披露出来,牵动着万千三湘父老的心。

“让女英雄回家吧！”尽管不知道她的真实身份，但很多湖南人自发组织起来致电政府，希望能将远在徐州荒坟中遥望故乡66年的18岁湖南女兵的遗骨接回故乡，让女英雄在故乡的怀抱里安息。

重新安葬的刘守玟烈士墓

2004年7月8日，女兵的遗骨被迎回了三湘大地。那一天，离开家乡66年的女兵的遗愿终于实现，2000多名社会各界人士一起迎接他们的英雄回家。大家说，我们湖南就是她的家，我们长沙就是她的家，我们革命陵园就是她的家……

故事还没有完。

一年后的2005年9月，稻田中学校友会收到了一个名为王杏华的老校友的来信。信中说，她曾是长沙女中的一名学生，而稻田中学最早的名字就叫长沙女中。从报纸上看见女兵故事和女兵照片，使得老人想起了当时同班的一名叫刘守玟的同学。女兵生前的照片从眼部至头极像刘守玟。

经过多方查找,湖南省档案馆终于在女子中学的成绩册里找到了“刘守玟”。在1937年上学期的成绩册上,刘守玟的名字下方盖着一个印,写着“退学”二字。至此,女兵的名字渐渐浮出水面。

在长沙汉寿县军刘村刘氏族人的强烈要求下,湖南长沙革命烈士陵园同意将“女兵”遗骸移交刘姓族人。

刘氏家族成员向刘守玟烈士致敬

2005年10月25日上午10时,刘氏家族在军刘村举行了隆重的迎灵仪式。鞭炮齐鸣,唢呐声声,全体族人磕头跪拜,迎接这位抗日英雄的遗骸和遗像回到故土。

军统“七姐妹花” 悲壮跳崖

中国远征军

军统局全称为国民政府军事委员会调查统计局，1938年成立，1950年解散。抗战时期，军统人员成功刺杀张啸林、唐经等汉奸，还对殷汝耕、季云卿、汪精卫、周佛海发起多次刺杀行动。

破解日寇的各类情报，是军统的主要职责。1941年12月初，军统局就破译出日本海军将要偷袭珍珠港的密电，但没有引起美国方面的重视。

1937年11月和1938年2月，军统局先后在上海青浦和松江办过两个培训班，这当中就开始招收女学员。日军占领上海后，培训班成员退入安徽祁门。

军统“七姐妹”的故事发生在1942年。那年2月，中国远征军成立。军统派出人员随同远征军出发，到军中担任译电员。

军统的女职员多半都是青浦等几个训练班招收的青年学生，经过各种训练以后，从事从军统文书到暗杀、刺杀的各种工作，其中有一些就被派到军事机构从事译电、秘书等工作，同时，也对部队主官进行监视。

到达远征军后，七姐妹被分配到新38师工作，师长孙立人。

1942年5月，中美联军作战不利，被迫退往印度。这时，这七名军统女译电员随同撤退。

由于当时日军已经控制了主要交通要道，行进速度很快，远征军撤退中不断遭到日军的袭击，甚至被分割包围，伤亡惨重。当他们退到印缅边境的当坡时,电台突遭一支日军小队的伏击。

战斗十分短促,因为当时中国士兵已经弹尽力竭。转眼周围的掩护人员全部牺牲,剩下的七名军统女译电员被敌人追到一个山坡上。突围无望,这七名女特工人员砸毁电台,宁死不屈,每人高呼一声:“中华民国万岁!”即拉响手雷,跳下山崖,没有一个被日军俘虏。七人中只有一个最年轻的姚姓女译电员因手雷没有爆炸而未死,但坠崖后四肢骨折,无力移动。四天后被缅北克钦族游击队发现,终因伤势过重,留下最后的叙述后,瞑目异国。

1943 年 4 月 1 日,军统在成立纪念日上,对殉国的七名女译电员进行了隆重的追悼,军统唯一的女少将姜毅英亲致祭词,并在重庆缫丝厂她的办公室窗外,种下了七枝连根的美人蕉,军统人员称为“七姐妹花”。

参加远征军的部分译电员

看这些女译电员的照片,那时大概她们还没有换装美式军服,一顶顶大盖型的军帽使她们看起来有点儿像苏联人。但肥大的军装仍难掩姑娘们的青春。在这张照片上,无法想象这样强烈旺盛的生命和死亡的接吻竟然是那样的一瞬。新中国成立后,曾在军统担任要职后投诚的沈醉介绍,在七姐妹中,竟有两位是共产党员。

中国飞行员与日本空军的血拼

沈崇诲

小伙子叫沈崇诲，父亲是北京政界的名人。1928 年，沈崇诲考入清华大学，那年他只有 17 岁。沈崇诲热爱体育，是清华大学校足球队和棒球队的队员，还参加过北平、东北地区和全国的运动会。

1931 年，九一八事变爆发，点燃了沈崇诲的报国热情。

1932 年 12 月，他考入了中央航校第 3 期，毕业后留校任航校教官，不久又调任空军第 2 大队第 9 中队中尉分队长。

陈锡纯

沈崇诲考入清华大学的那一年，湖南农家子弟陈锡纯 13 岁，在湖南长沙广益中学读书。1933 年 9 月，陈锡纯考入南京中央军校第 10 期步兵科，随后又被选送杭州笕桥航空学校学习飞行技术。一个来自北京的高干家庭，一个来自湖南农家，但国难让两个小伙子坚定地站在了一起，他俩驾驶同一架战机。

1937 年 8 月 14 日，中国空军 4 大队的英雄们狠狠地教训了日本航空队。3 架日机被击落和击伤，还有一架日机在返回途中坠毁。那一天，逼得日军航空指挥官自杀，中国空军大本营一片欢呼。那一天，看着战友们取得好成绩，沈崇诲和陈锡纯估计也特别渴望吧。五天以后，轮到他们执行任务了。8 月 19 日，他们奉命驾驶 904 号轰炸机袭击日军在上海白龙港的第 3 舰队。那天，他们驾机先后轰炸了地面阵地和长江口的日本军舰。可就在上海南汇上空，飞机突发故障。飞着飞着,他们发现飞机速度降了下来。一回头,发现飞机尾部冒起了烟。

中国战机(资料图)

沈崇诲命令陈锡纯跳伞,自己准备驾机撞敌舰。陈锡纯不愿独自偷生,倔强地拒绝了,坚决要求与其共生死,两人驾机撞向了日舰,英勇殉国。

沈崇诲留下了这样一句诗:“从来征战无归日,两翼斑斑血染红。”读来感人至深。

那一年,沈崇诲26岁,陈锡纯22岁。

阎海文

就在他们牺牲的两天前,一个年仅21岁的辽宁小伙阎海文,驾驶轰炸机中弹,他跳伞不幸落入敌军阵地。被围后,阎海文宁死不降,拔手枪击毙日军5人,击伤数人,最后用一颗子弹自戕殉国。面对英雄的壮举,日本兵列队脱帽,垂首恭敬而立。坟前木牌上写着:“支那空军勇士之墓。”日本大阪的《每日新闻》报道,“此少年空军勇士之亡,虽如苞蕾摧残,遗香不允,然此多情多恨、深情向往之心情,虽为敌军,亦不能不令我全军将士一掬同情之泪也。”

陈怀民

与阎海文同岁的武汉小伙陈怀民,迎来了1938年武汉上空的“4·29空战”。在这次空战中,陈怀民驾驶战机,左冲右突,开战不到5分钟,就击落了一架敌机。日本飞行员“红武士”高桥宪一见此情景，率领 4 架飞机一齐向他扑来。陈怀民陷入包围之中。飞机着火，子弹打光，他速推油门，猛拉操纵杆，战机开足马力，拖着浓浓的黑烟，倒扣着以最大速度对准上方距离最近的敌主机机背冲去，势如狂飙。刹那间一声巨响，空中迸出两团火球。陈怀民以身作弹，与敌“红武士”高桥宪一同归于尽。那一天，陈怀民 22 岁。

林恒

中国空军勇士被日本人惊为神人。但是，哪有什么神人，有的只是长空中中国青年誓死报国的情怀而已。事隔多年，回想空军勇士的壮举，仍很难用文字来表达对他们的崇敬之情。1941 年 3 月 14 日，中国空军在成都上空损失巨大，到这一天，中国空军拼掉了 85% 的飞行员。有个叫林恒的年轻军人也牺牲在机场跑道上。他有个姐姐叫林徽因，让我用她的诗来为本篇作结语吧。

弟弟，我没有适合时代的语言
来哀悼你的死；
它是时代向你的要求，
简单的，你给了。
这冷酷简单的壮烈是时代的诗
这沉默的光荣是你。

恶报

行十恶者
受于恶报

南京大屠杀的罪魁和他们的最后结局

1937年的冬天，日军在南京的大屠杀是人类历史上罕见的和灭绝人性的惨案。

这些刽子手们都是谁？他们的结局又如何呢？

为南京大屠杀负总责的是当时日军派驻中国的最高统帅松井石根。朝香宫鸠彦、柳川平助、长勇是南京大屠杀的最高责任人，即下命令者。中岛今朝吾、谷寿夫、山田栴二、吉住良辅、末松茂治等是南京大屠杀的直接责任人。

松井石根

松井石根，1878年7月27日出生在日本名古屋市。日本甲级战犯之一，日军南京大屠杀事件的元凶。1937年至1938年间，率日军侵占南京，并纵容部下展开惨无人道的南京大屠杀，遭到国际舆论的强烈抗议。1945年，被盟军逮捕，1948年11月12日被远东国际军事法庭作为甲级战犯判处绞刑，12月23日零时在东京巢鸭监狱伏法。

朝香宫鸠彦

朝香宫鸠彦，1887年10月20日出生于日本东京，日本的皇室成员。1937年12月，接替松井石根担任上海派遣军司令，南京战役期间颁布了“杀掉全部俘获人员”的命令，酿成了惨绝人寰的南京大屠杀。后晋升为陆军大将。

日本投降后，因朝香宫鸠彦是皇族，没有被送上军事法庭。1947年，朝香宫鸠彦脱离皇室，改称朝香鸠彦。1981 年,这个老鬼子死亡时已 94 岁。

长勇,日本陆军中将,樱会的核心人物。在南京大屠杀的时候,长勇任朝香宫鸠彦指挥下的情报主任参谋。就是他起草了杀掉全部俘虏的命令。据他后来给友人讲述事件经过,他说,我立即擅自向所属各部队发出命令:应全部杀掉这些俘虏!我利用军司令官的名义,通过无线电信传达了这项命令。命令的全文当即烧毁。由于这一命令,大屠杀开始了。

长勇

长勇 1945 年 3 月晋升中将。冲绳战役失败后,于 1945 年 6 月 23 日自杀。原来一直认为他是剖腹,结果最后根据美国人的照片判定是服毒。

中岛今朝吾

中岛今朝吾,日本陆军中将,日军第 16 师团长,南京大屠杀的罪魁之一。1937 年 12 月 13 日入侵南京,率部参加"南京大屠杀",杀害中国平民和战俘达 16 万多人。1945 年 10 月 25 日,中岛在日本战败后病死,逃脱了南京军事法庭的审判。

南京大屠杀必提的两个"百人斩"——向井敏明、野田毅,都是中岛的部下。1937 年 11 月,侵华日军第 16 师团第 9 联队第 3 大队少尉副官野田毅,突发奇想,向同在日军第 16 师团第 9 联队第 3 大队任职的另一名少尉军官向井敏明提出进行灭绝人性的"砍杀百人大竞赛",以谁先杀满 100 人为胜利,奖品为一瓶葡萄酒。

1945 年,日本投降后,向井敏明和野田毅被引渡回中国,经南京军事法庭审判两人均承认控罪。1948 年 1 月 28 日,两人被押往南京雨花台刑场执行枪决。和向井敏明、野田毅一起被处死的,还有一位叫田中军吉的日本军官。他在南京大屠杀期间,手持一把名为"助广"的军刀,杀死了 300 名中国军民,比向井敏明和野田毅更残忍。

有历史学家估计，南京大屠杀中，大约一半的遇难者都死在中岛师团手中。其中，包括最著名的几次万人以上大屠杀，包括燕子矶、草鞋峡、鱼雷营、江东门屠杀，以及紫金山活埋3000战俘的事件。

向井敏明（左）、野田毅（右）

谷寿夫，日本陆军中将第59军司令官、前第6师团长。日本东京人，1882年出生，毕业于日本陆军士官学校和陆军大学。1928年参与济南惨案，屠杀中国外交人员。

1937年8月，率领第6师团入侵中国华北等地。因侵略上海、南京的需要，第6师团被调至华东，一路杀向南京，是制造南京大屠杀的罪魁祸首之一。

谷寿夫

1946年2月2日，谷寿夫被盟军总部逮捕，关入东京巢鸭监狱。

1947年4月26日12时35分，战犯谷寿夫在南京雨花台结束了可耻的一生。

柳川平助

柳川平助，日本乙级战犯，皇道派军阀，日军华中第10军中将司令官，是南京大屠杀的重要罪魁之一。他的部属屠杀南京的中国平民和战俘达十几万人，臭名昭著的大屠杀主犯谷寿夫便是此人手下。1940年起，任近卫内阁司法大臣、国务大臣。1945年1月日本战败前病死，后被远东国家军事法庭追加为战犯。

凋谢在古城西安的日本“陆航之花”

大队日军飞机野蛮轰炸中

全国抗战时期，西北重镇西安是“前方的后方，后方的前方”。也是日本飞机轰炸损失最严重的地方。

遭日本飞机轰炸的厂房

抗战时期，日军先后145次对西安进行空袭，出动飞机1106架次，投弹3440枚。西安因日机空袭轰炸而致伤致亡人数累计达3489人以上,炸毁房屋累计6781间以上。

1939年3月8日的《西京日报》报道:

敌机十四架,昨日下午四时狂轰西安市区,投弹约百枚,死伤平民达600人,毁房千余幢,实为长安古城之空前浩劫。

日机轰炸后的惨状

1939年5月24日,日军飞机再次空袭西安,炸塌西大街桥梓口防空洞洞口,千余平民被活活闷死在洞内。这是抗战时期西安最大的一次惨案。

日机疯狂由此可见一斑。

小时候,我也经常听我爷爷说日本飞机轰炸西安的事,当时的村民们传说,日本人没炸弹扔了,还曾经从飞机上往下扔石条,砸死过一头牛。

尽管当时西安防空力量薄弱,但守军对日机的疯狂袭击进行了英勇的反击。

日本飞机轰炸西安后留下的弹痕

1944年9月22日《秦风日报》报道:昨晨二时许,敌机两架,分两批由晋窜入本市……被击落敌机内之驾驶员,摔出机外丈许,脑中部中弹,显系当场毙命,两腿及左手被火烧焦……

后来人们回忆,那架被击落的飞机被政府派人拉回了西安市区,供市民们参观。但飞行员是谁?人们都没太在意。

战后,日本军事历史专家秋本实的文章《西安空中消逝的疾风战斗机队长》,才让人们惊讶地发现,1944年9月21日被击落的飞机的驾驶员,竟是日本陆军航空第22战队的司令官岩桥让三。人称“陆航之花”,是日本最优秀的“疾风”四式战斗机飞行员,被击毙之前,他已经有了击落二十架盟国战斗机的作战纪录。

日本四式“疾风”战斗机

岩桥让三

岩桥让三是日本和歌山县人,1932 年毕业于陆军士官学校第 45 期。1939 年,岩桥以大尉身份担任飞行第 11 战队第 4 中队中队长,带队参战。1939 年 6 月 24 日,他在哈拉哈河上空首开纪录,击落苏联红军战机两架。此后,第 4 中队始终是第 11 战队的基干部队,全体队员的击落纪录超过了 100 架,人称“王牌中队”。

1944 年 9 月 21 日,岩桥战队奉命从汉口飞赴河南新乡,由此攻击西安机场。飞抵西安机场上空后,岩桥驾驶着“疾风”185 号机,率先击落一架前来迎击的美国驻华空军 P－47 雷电共和战斗机(另一说为 P－51 野马战斗机),这也是他的最后一个击落记录。在确认背后没有敌机威胁后,岩桥开始驾机扫射西安机场跑道。正当岩桥以为已经可以无所顾虑的恣意摧残西安机场的时候,一颗中国高射机枪的子弹却不偏不倚地击穿了他的脑袋,岩桥当即毙命。岩桥让三,这位号称“陆航之花”“军中至宝”的日本超级王牌飞行员,丧命于西安城下。

日军高级指挥官
死在新闻记者手上

1938 年 8 月,日军第 101 师团入侵江西。这个师团来自东京,1937 年 9 月 1 日成军,部队主要构成是一些预备役人员。由于日本东京地区的教育普及率高,101 师团官兵的知识水平比较高,但对它的作战能力,日本军方不太看好。但这支部队在 1937 年进攻上海时"表现不俗",在中国犯下了累累罪恶。当然,它的战损力比较高,到了 1938 年 8 月,它与成军时的战斗力相差已经很大了,一般被视为一支日军的三流部队。

当时,这个师团的师团长叫伊东政喜。他手底下还有个 101 联队,这个联队的联队长叫饭塚国五郎。

饭塚国五郎是日本陆军大佐,上校军衔。这鬼子胡子拉碴顶着个钢盔,挥战刀又冲又杀的,十分爱出镜。

101 联队在庐山向此时中国粤军已改编为 160 师的进攻中,前后冲锋 15 次,还可耻地使用了毒气弹。

饭塚大佐很酷,但是,面对中国军队的顽强防守,一筹莫展,战争进入相持阶段。

饭塚国五郎

160 师隶属原 66 军,军长叶肇。1937 年 12 月,南京保卫战,叶肇率部突围中,被日军俘获,假扮伙夫,帮敌人运输弹药,伺机逃脱后潜入上海租界,乘轮船逃到香港,辗转湖南防地。

有过和日军对阵的惨痛经历,66 军官兵求战欲望强烈。1938 年 7 月间,叶肇率 66 军奉命调入江西南昌参加南浔线作战,先后在德安、庐山脚、万家岭等处与敌人进行过激烈战斗。万家岭

国民革命军第66军160师

大捷,66军功不可没。

言归正传,话说日军进攻不利的时候,部队迎来了一群日本记者。这当中有位著名的战地记者叫小俣行男,就职于《读卖新闻》。小俣是日本当时的名记,被他报道过的人,回到日本都会受到全体国民的礼遇。所以,饭冢对这次的记者采访极其重视。

据小俣的记载,那天,天气很热。因为苦战,饭塚晒得极黑,眼睛里全是血丝,胡子已经多日不刮,显得相貌狰狞。

这个相貌很有特色,采访完后,众记者提议给饭塚大佐照张照片。当时天气酷热,为图好看,饭塚脱了军装,只穿着他的白衬衣。抗战时期,日军从士兵到将军都有一件制式白衬衣,只有部分是土黄色的。

当时日军埋葬饭塚的地方

当时,饭塚的副官提醒他,白衬衣的目标是不是太明显了?饭塚考虑他戴着钢盔呢,又在战场外围,不会有什么问题。于是,就来到了庐山秀峰寺西面的一个山坡上。记者们先拍了一组饭塚拿望远镜瞭望的,又拍了一组拄着军刀的,最后拍了一组挥舞军刀的。记者们虽然知道前线危险,但是,很显然,他们低估了中国军队的实力。

就在饭塚挥舞军刀的500米开外的丛林中,有两名监视敌情的中国士兵。他们在望远镜中看见饭塚挥舞军刀的场景，起先还吓了一跳，以为日军又要发动进攻了。后来，观察这小子只是摆摆 POSE。于是，一支黑洞洞的枪口就瞄准了他。

这是极精准的一枪，当时的枪支水平，和现在的狙击步枪根本不在一个档次。子弹从饭塚的前胸打入，打穿了心脏，饭塚几乎没有挣扎就滚下山坡，一命呜呼。他在现场拍的这组照片也成了他的遗照。

東京朝日新聞
號外
昭和十三年九月四日
あゝ飯塚部隊長戰死
弔合戰 部隊の意氣軒昂
鳥海、山田の諸部隊總攻擊

据说，当时的中国枪手还不知道击毙了一位名人，只知道是个当官的。射击之后，又像没事人一样去执行他的监视任务了。

饭塚死后，给他拍的纪录片就成了绝版，影像传回日本，东京各大电影院连续放映“军神饭塚联队长”的战地录影。一度成了 1938 年秋天的热门亡魂。饭塚后来还被追晋为陆军少将。中国这边，饭塚死后不久，101 师团的师团长伊东政喜也差点被中国军队炸死，并直接造成了 101 师团的惨败。到了 1940 年 2 月，由于战绩太差，直接被取消了番号。

小鬼子饭塚妄想灭亡中国，不承想被一群记者给葬送了，死得可真“窝囊”。

一本失传的日军大尉的日记

弗雷达·阿特丽

1938年,英国女记者阿特丽来中国采访。

那一年,武汉保卫战的外围战斗已经打响。一天,阿特丽采访了一位李姓中国将军。阿特丽说,李将军的司令部里堆满了无数的战利品、机关枪、步枪、防毒面具、旗帜和望远镜以及指挥刀。此外,还有许多日本人贴身带的“千人针”和由死者身上搜出的神符。

最让阿特丽记者感兴趣的,是这些战利品中还藏着许多缴获的日记和书信。

李将军乃64军军长李汉魂,原为粤军将领,据传是唐高祖李渊的后代。

李汉魂将军

那天,李汉魂将军给这位英国女记者看了一本日记,日记的作者是日军的一名大尉。之所以要让英国记者看这本日记,是因为这名大尉在日记中所流露出的善良,深深地打动了李将军。

这名日军大尉记载说,从登陆上海时起,就见识了战争的残酷。他仇恨战争,对同伴所犯的罪行感到恐怖。

虽然我们是应该不择手段地争取胜利的。我为什么又为谁犯这样的罪行呢?我只好心里明白。因为我不敢从嘴上说出来。”(1938年6月7日至10日)

在这日记本里有一张死者及其全家的相片,这相片显示出日军大尉是一个善良和聪慧的人。

“今年樱花节和全家拍了一张照片。当樱花再开时，他们将要不忍看它的吧？而现在我一看到它，眼泪便不断地流。明年樱花开放时，是不是我的孩子将成孤儿？我的妻子将成寡妇，我那白发苍苍的老母将无从晓得他的儿子，究竟在何方呢？”（1938 年 7 月 20 日）

“恶战正在进行，炮声把全山震撼了。一颗炮弹落在我的近边，危险之极。我的指挥官和第八队的一个军官，以及另一个小队的一个军官和一些士兵，总数在百人以上都被杀了。病倒的人也很多，平均每队十五人中便有十人生病。”（1938 年 8 月 1 日）

“8 月 4 日，我已经累得快死了，我是这样瘦弱，以至从事罪行之深，不过是皮和骨头而已，在我的良心上，我已不敢再见我的双亲。中国士兵有牺牲的精神和新式的武器，而且他们在地理上还占着我们的便宜。要得到胜利，看来是没有希望的了。我们在夜里进攻，发了几次的炮。今天，我在敌人的炮火下，时时遇到极大的危险，剩下的军官连，只有四个人，我们今天已经请求火速增援。”

8 月 5 日，这名大尉和他的全部士兵，被中国军队所消灭。

《扬子前线》封面

李汉魂将军通读日记，他对这名日本青年的死很有感触。

他告诉阿特丽，“战争是战争，我是一名将军，他是敌军中的一名大尉，我们杀死了他。但他本质上不是敌人，所以，我此刻的良心上也为之感到不安”。

日军中整体的文化素质是很高的，这当中不乏有才华的知识青年。还有很多像这名日军大尉一样良心难安，又不敢和上司对抗，只好被一股无法摆脱的力量裹挟着的军官。他们只能硬着头皮去杀人去送死，在这种情况下，想要让他们在心理上不抵触、不消极，是不可能的。

很遗憾，这本日军大尉的日记已没有实物了。只记录在了阿特丽本人撰写的一本书《扬子前线》中。李汉魂将军很长寿,活了 94 岁。只可惜那本日军大尉的日记,消失在了历史的长河中。也的确如那位日军大尉所说,他再也没能看到家乡的樱花,他的孩子成了孤儿,他的妻子成了寡妇,他的父母再也没能看到他们的儿子。战争是残酷的,不仅是他,受害的成千上万的中国人更是遭受了无穷无尽的苦难。

只是,这名已经失去姓名记载的日军大尉日记中所流露出来的善良,深深地刻在了历史的隧道中。这种善良在告诫后人,无道的战争不仅会给他人带来伤害,给自己和亲人也会带来无尽的耻辱和痛苦。

南乡茂章命丧中国
山本五十六当场痛哭

南乡茂章

看标题,你问南乡茂章是谁?山本五十六又是谁?

抗战时期,南乡茂章是日本空军的“四大天王”之首,人称“空中霸王”。由于飞行技术高,不可一世,看不起中国的飞行员,在中国犯下了累累罪行,死后被裕仁天皇封为“军神”。山本五十六是日本著名的海军大将,日本偷袭珍珠港的指挥官。

南乡茂章,生于1905年,毕业于江田岛海校。这所学校模仿英国的海军学校建造,连红砖都是从英国购入的。

江田海校一角

江田岛海校招收学员十分严格，他们的校歌这样唱“你我是同期的樱花，开放在海军兵学校的校园。花开自有花谢时，我们要像樱花凋落那样勇于为国捐躯。”一位英国学者这样描述这所学校：（学员们）在这里接受世界上严酷无比的艰苦训练，他们的身心在经过只有十分顽强的人，才能经受住的锻炼后，被培养成具备古代武士道德的现代海军军官。因此，从海军兵学校毕业的年轻人，既有一副能经受一切艰难困苦的身体，也有一种不屈不挠的精神。可以说，武士道精神在这里得到彻底贯彻，被称为“江田岛精神”。日本著名的海军大将山本五十六是南乡茂章的学长。日本海军主力联合舰队四任司令官：山本五十六、古贺峰一、丰田副武、小泽治三郎，清一色江田岛海校的毕业生。抗战时轰炸上海、南京、南昌、重庆的恶行，大部分都是日本海军航空兵所为。

日本江田海校纪念碑

从这里毕业的学生，有一种与众不同的特质，南乡茂章也不例外。这家伙技战术水平高，不仅在日军航空兵特技、编队、格斗、射击等技术竞赛斩获头名，更是多次拿中国空军当他的菜，最疯狂的一次交锋是1937年12月2日，南乡茂章带领96式击落十架俄制I-16，而自己无一损失。

1938年1月，南乡茂章担任苍龙号航空母舰飞行队长，7月担任第15航空队队长，气焰嚣张。那一年，击落南乡茂章的中国空军飞行员，是一位来自广东番禺、个子不高，十分瘦弱的小伙子。他叫罗英德，当时年仅26岁。罗英德1912年出生，18岁时考入南京金陵大学物理系学习。大三时放弃学业参加空军，报效祖国。8年抗战期间，参战280多次，足迹遍及祖国各地，北起蒙、疆、东北、河北、平津，南至两广、云南、贵州。还曾多次远赴中南半岛、缅甸、印度等国外战场作战。他自己击落日机6架，与战友共同击落的日机尚未计入此数。罗英德是当时中国空军公认的12位王牌飞

罗英德

行员之一。另外，罗英德还曾在三个飞行大队任大队长，这在当时的空军中是十分罕见的。

1938 年 7 月 18 日，南乡茂章率 6 架战斗机、14 架轰炸机又一次突然袭击南昌。中国空军勇士紧急起飞迎敌。南乡茂章盯上了苏联空军志愿队航空大队长布拉科维申斯基的座机。当时，布拉科维申斯基正与别的敌机打得紧张之际，没想到南乡茂章跑到其后面来偷袭。南乡茂章是个狡猾的老猎人，死死地咬住了布拉科维申斯基，准备再靠近些。可就在这时，罗英德快马杀到，一连串的枪弹从侧后向南乡茂章射去。瞬间，南乡茂章的座机起火，坠落下去。

中国空军激战南昌上空

空战结束后，布拉维科申斯基找到了罗英德。将斯大林授予他刻有斯氏姓名的手表转赠给了罗英德。

南乡茂章，这位年已 33 岁的“光棍”之死，对日本海军产生了很大影响。据日本媒体报道：当时，日本海军次长山本五十六大将亲自参加他的追悼会，为失去最后一名“天王”而痛哭，山本还到南乡茂章家中吊唁、慰问。日海军航空部队还追授南乡茂章为海军少佐衔。

后来，这位腼腆的中国小伙罗英德官至中国空军副总司令，二级上将。1988 年 9 月 1 日病逝于美国加州洛杉矶，终年 86 岁。是中国空军中难得的长寿老人。

日机被击落，
日军竟出动4个师团去寻找的人是谁？

1942 年 12 月 18 日，安徽巢湖上空大雾弥漫。午后，正在进行防空演习的国军新桂系第 48 军 138 师的战士忽然听到了一阵飞机的轰鸣。于是，8 挺重机枪循着飞机的轰鸣声进行了超前 200 米射击。原想着啥也看不见，一阵盲射之后，却没想到，在不远的弥陀寺附近听到了飞机坠毁的巨大声响。

大家冲上前一看，11 具尸体，除了一具挂在树上外，飞机内的 10 具尸体"个个像烤焦的黄鱼一样难看"，这当中还有一名妇女。在坠机现场，搜获了一份"中支那作战计划"，一份"中支那派遣军各部队主官姓名及部队驻地表"，一份"航空暗号"和其他物品，都是被焚烧过的，不全。

当时，部队中没有日文翻译，看机内人员的装束，应该有个大官。战士们也搞不清情况，只好逐级上报到 21 集团军总部。由于和集团军军部离得比较远，前后走了四天。当 21 集团军翻译看到这些材料时，日军已经出动了 4 个师团 1.7 万人，对攻击飞机周边进行报复。在弥驼寺附近，日军寻找到了机上人员的断肢残躯后，才撤离了这一地区。

是什么人让日军如此兴师动众地去寻找呢？原来，这位被击毙的人竟是日军第 11 军司令官冢田攻。他是日军在中国大陆被击毙的最高指挥官，在中国犯下了累累罪行。

冢田攻

那么，这个冢田攻到底是个什么人，日军为寻找他的尸体竟出动 4 个师团、不惜花费上万人的代价去寻找呢？

这个冢田攻对日本人来说，还真是个"了不起"

的人物。冢田攻,1885 年出生于日本茨城,毕业于日本陆军大学。1933 年,他出任日本关东军参谋长。1935 年,冢田攻晋升为陆军少将,力主进攻中国,是日本对华扩大战争的关键性人物。中日全面战争全面爆发后,冢田攻出任大将松井石根的参谋长,是南京大屠杀的主犯之一,他也是日军“南京慰安所”的创建人,其罪行令人发指。在日军参谋本部,冢田攻与山下奉文两人,被并称为“负荷日本新陆军之双璧”。

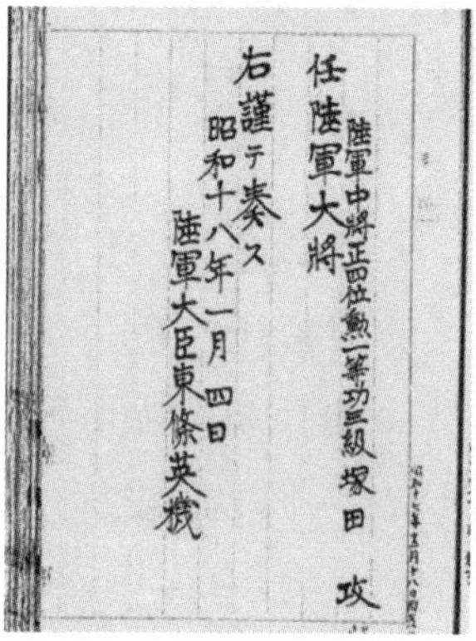

任命冢田的文书

南京大屠杀后,他回到日本,受到了日本天皇的接见和万人空巷式的欢迎。

飞机被击落的那一天,是冢田攻在南京参加完日军高级军事会议返回途中。这一年的 7 月,他刚刚被任命为日军第 11 军司令官兼华中派遣军指挥官。巧的是,就在日机被击落当天,日本陆军省发布命令,晋升冢田为大将。冢田攻被埋葬了的碎尸,被日军找到后,运至安庆装殓,然后运回日本安葬。

第 11 军是日军在中国战场上唯一的纯野战机动兵团,担负着监视和进攻陪都重庆和西安等中国重要城市的任务,战斗力极强。中途岛海战后,日军在太平洋战事上逐渐处于不利态势。鉴于这种状况,日军想通过偷袭重庆和西安,将侵略魔掌伸向中国战略后方,实施加速灭亡中国的“五号作战计划”。这个飞机上发现的作战计划就是恶毒的“五号计划”。冢田攻之死,使日军大本营彻底放弃了酝酿多年的“五号作战计划”。

冢田攻座机上的标牌

当时,正值抗日战争最艰苦的相持阶段,这一振奋人心的消息传来,无疑给中国全体抗战军民以极大的鼓舞。只是,当时击落日机后遭遇了日军的疯狂反扑,还没有来得及调查,究竟是哪位枪手的功劳,新的战斗就已经开始了。直到现在,击毙这个日军最高指挥官的勇士仍然不知所踪,消失在了历史的长河中。

日军也有这一天
倒进粪坑的大米抢着吃

1943年10月下旬，中国驻印军反攻缅北，再次和日军展开了残酷的丛林较量。

中国远征军战士在行军中

连续数月，盟军专门就日军的补给线进行了重点打击。驻缅日军的后勤供应出现了严重紧缺。供给紧张时，日军每人每天的口粮只有一个饭团。

俗话说，人是铁，饭是钢，一顿不吃饿得慌。每天都在饿着肚子的生活，让这些曾经不可一世的“皇军”们彻底没有了尊严。

一名日本随军记者回忆：“（日军战士）为了充饥什么都吃，如嫩树枝、草根，甚至连泥块也吃……他们被带到战地医院时，任何食物都无法消化了，有许多士兵吐血而死。”

中国远征军受到热烈欢迎

相对而言，反法西斯同盟成立，中国得到了国际援助，中国士兵的伙食一下子提升到“国际水平”，没有了后顾之忧。弹药、被服、食品、医药都很充足，让这些日本士兵们“除了咬牙切齿外，毫无办法”。他们的脑中常常幻想攻占中国军队阵地，进去能大吃一场。

日军俘虏

饥饿让日军的战斗力严重下降，人的注意力也发生了变化。在和中国军队争夺拉加苏高地时，饿昏了头的日军敢死队就发生了一件让人大跌眼镜的事情。

当时冈田大队副官井上咸回忆，战斗间隙时，有人跑来报告，说攻占了中国军队的一个阵地。日本兵当时眼睛就亮了，他们首先想到的就是能找到粮食。

蜂拥而至的日军官兵们冲到了近前，可让他们万万没想到的是：这根本不是中国军队的阵地，而是一个战地厕所。失望至极的日军官兵还不死心，眼睛死死地盯上了厕所里的剩米剩饭。井上咸说：“这些米，在黄澄澄的粪便上，闪着点点白色的光……”甚至还有中国士兵在地上写了一行字：“日本兵，你饿吗？那就吃吧。”

明显可以看出，恢复元气的中国士兵已经恢复了足够的自信。

几乎没有迟疑，几个饿极了的日本兵扑过去，捞起粪池里的大米，跑到河边洗了洗，然后捏成团，放到嘴里就嚼起来。其他日军士兵看到后，也纷纷争抢起来。

多年之后，回忆那段惨痛的记忆，井上大尉还感叹：“那种情景，是今天饱食终日的人永远无法想象的。”

日本人评价木村兵太郎：不配做一个军人

这篇文章的主人公，叫木村兵太郎，生于1888年，广岛一中毕业后，就读于日军士官学校20期炮科。后来，他又赴德国学习军事。1936年8月1日，木村晋升为陆军少将。从这时起到1939年3月前，他都是日本陆军的炮兵专家，负责野战兵器装备的开发与研制。1939年3月起两年时间，木村先是任第32师团中将师团长，在山东兖州“清剿”八路军。随后又在东北关东军总部任职，每年抓捕超过10万的中国百姓到东北做苦役。数万名的中国劳工惨死于苦役。

木村兵太郎

1941年，木村兵太郎以陆军省次官名义命令日本军队，把在马来西亚战役中俘虏的1000余名美英战俘押解到朝鲜，动员5万日本人、12万朝鲜人上街围观，将英美俘虏当街示众，让人们向示众队伍扔石子、吐口水，大肆羞辱。

1944年8月30日，木村担任日本缅甸方面军司令，命令日军向中国远征军发起反攻，妄想阻拦驻印军和远征军的会师，隔断中国的对外交通。然而，中国远征军已今非昔比，木村率领的军队损兵折将，光战死的就有1万余人，在大本营那里灰头土脸，颜面全无。战争的失败让木村兵太郎恼羞成怒，竟把怨气撒在俘虏和平民身上，一手制造了仰光大屠杀，1万6千多人惨死。木村得了“缅甸屠夫”的恶名。

其实，这个木村是个兵器专家，对于指挥作战，他是外行。除了心歹，他在日军大本营名声也不佳，头脑简单，光知道点头哈腰，被人称为机器人次官，东条四愚之首。让他出任司令官，也说明日军已走下坡路，军中没有能人了。

1945 年初,英印联军开始佯攻缅甸。然后突然出兵强渡伊洛瓦底江,迂回日军大后方,在曼德勒附近发起了渡江进攻,同日军第 15 军主力展开了激战。木村没见过如此大的场面,当第 28 军司令樱井省三要求他和 28 军一起赶赴前线,挽回战局时,却发现他已浑身颤抖,紧张得话都说不出来。他的参谋长田中新一强烈要求他即使不能上前线,也要守在原地,作为全军官兵的精神支柱,其仍趁参谋长不在,扔下自己的队伍逃跑了。四处宣扬武士道精神的日本,竟也出了这么一个软蛋。

他的逃跑,造成了日军在伊洛瓦底江会战中的全线崩溃,在缅甸战死的日军有 14 万多人。可笑的是,这个家伙在逃跑途中,获知了他被晋升为大将的消息。真是太滑稽了。

日本战败后,他在仰光向盟军投降,并被立即押回日本。日本人评价他们的大将木村兵太郎:“为了关心自己的身体而疏怠必要的指挥,抛弃日本的盟友和在缅甸的日本人,不配做一个军人。”

1948 年 12 月 23 日零时 35 分,作为甲级战犯,木村最后一个被送上了绞刑架,结束了他罪恶的一生。

一个被边缘化了的日军猛人

1945 年 8 月，日本政府投降后，战争追责机制随即启动。中国方面逮捕日本战犯 2357 名。其中，谷寿夫、田中军吉、向井敏明、野田毅、川岛芳子等 149 名罪大恶极的战犯依法被判处死刑。日本本土，远东国际军事法庭共有 28 个日本甲级战犯受审。

审判战争罪犯，被告人个个巧舌如簧，都为自己的罪行狡辩呢，却有一人来到盟军驻东京宪兵司令部，要求自首。他一张口就把接待他的工作人员吓了一跳："我认为，我够得上甲级战犯的标准。"

可是，被关在里边的战犯们，却对他不太认同。就连天皇裕仁后来也说："石原是个什么样的人，不太清楚。"

这个人叫石原莞尔，是一位退役的陆军中将，时年 57 岁。

一些国人不知道，其实，就是这个石原莞尔，策划了九一八事变，占领了东北全境。

1931 年 9 月 18 日，石原莞尔率领独立守备队一部，向东北军独立第 7 旅队驻地沈阳北大营发起攻击。后来，关东军助战，1 万多兵力从 23 万张学良军队手中占领了相当于日本国土 3 倍大小的地盘。计划是两年前就拟好的，石原坚信，中国那个有名的"不抵抗将军"只不过是一个抽鸦片的二流子。

石原莞尔

这是一场豪赌，他赌赢了。要知道，当时东北军兵强马壮，装备也是陆海空，连飞机都有。

后来，土肥原曾利用日本浪人，也想在天津制造事端，借机发动战争，结果被天津的保安队击毙 60 余人，捕获 300 多人，斩首和枪决了 40 多人。

石原 1889 年生于日本山形县鹤冈市，自幼就鬼点子多,充满了冒险精神。石原是忠实的“日莲教”信徒。

1902 年,石原进入了仙台陆军地方幼年学校学习。在同学中,他是个另类,常常被人称作“7 号”(意思是神经病患者)。和普通用功的同学比,他的学习一点都不努力,但常常成绩特别好,后来以第 6 名的成绩从幼年学校毕业。有人说,他的成绩其实是第 3 名,在当时,前 5 名可以得到天皇御赐的怀表,由于他和老师关系不好,从而被踢出了前 5 名。

石原莞尔报考陆军幼年学校时的报名照

1915 年,石原考入日本陆军大学,1918 年以第 2 名的成绩从陆大第 30 期毕业。日本军校有规定,毕业生的前 6 名可以得到天皇御赐的军刀,这一次,石原名列其中。曾经获得过天皇御赐军刀的中国牛人是蒋百里先生——钱学森的岳父。

1920 年 4 月,石原被派往驻汉口的日军华中派遣队司令部,用一年多的时间考察了中国湖南、四川、南京、上海、杭州等地,搜集政治、经济和军事情报。

1929 年,石原来到沈阳任关东军主任参谋,开始了他的冒险之旅。

等日军占领了东北,少壮派们个个摩拳擦掌,想要学习石原莞尔,实现三个月占领全中国的狂妄目标时,石原却站了出来,坚决反对大家的意见。他提出了他的“最终战理论”,在他看来,东西方之间迟早要有一战。当时,这个想法在日本民众中非常普遍,和中国一样,日本在近代也饱受西方列强的欺侮。但日本国土太过狭小,没有纵深,无法进行现代战争。唯一解决的办法就是有个后方基地,这个基地就是满蒙(中国东北和蒙古)。

接下来,日本人只要经营好东北,积聚足够的战略实力,而中国在羽翼丰满以前是不敢跟日本贸然开战收复领土的。如果这种战略僵持下去，中国收复东北将遥遥无期，中国将在缓慢的蚕食中被日本肢解。如果向中国全面开战，日本会被拖入战争泥潭从而不能自拔，不仅会被拖死，而且东北也保不住。

随后，日本建立满洲国，巩固华北，堵住俄国人南下，再向南洋渗透，得到马来西亚的橡胶和文莱的石油。同时，挤走英国人，争取把手伸到“兰印”（荷属东印度，现在的印度尼西亚），确保石油，这以后再和美国进行“最终战争”。

日军全面侵华后，由于石原反对扩大中日战争，最终被日本军方抛弃。

后来，武藤章等人干脆将石原挤出了军部，最终以一个虚职黯然退役。日本战败前，石原莞尔已经失业在家许多年了。

后来，直到日本真正陷入泥潭不能自拔时，才有人发现，他讲的是对的。这当中，就有中国派遣军总司令冈村宁次。他在日记中这样说，在和石原晤谈时，非常赞同他的这一观点。

石原莞尔

1949 年 8 月 15 日，石原因膀胱癌病死家中，终年 60 岁。

虎贲

张旗鼓
虎兵戈
浩气长空

南京保卫战中 冲出日军重围的部队

南京保卫战

1937 年 12 月 12 日的傍晚五点，南京环城处处激战，卫戍司令部的气氛紧张到了极点。在和防守南京的各部队长协商之后，唐生智从口袋里掏出了蒋介石通过顾祝同下达的命令：放弃南京。

尽管形势紧急，但南京卫戍司令部还是拟出了一道撤退计划。谁知道通信中断，具体操作难以实现，各部队通过口头传达之后，迅速陷入了一场大混乱之中。部队官兵和市民一起，都在拥往挹江门撤退，使得通往挹江门的大路被挤得水泄不通。守卫挹江门的士兵没有接到撤退的命令，不允许军民出城；防守南京时，下的命令是死守，连船只也收缴了，就是出了城，也没有几条船；河对岸是胡宗南的部队防守，没有接到命令，照样不允许上岸。这样来来回回，大大迟滞了军队和平民的撤离，进退失据，中国军民损失惨重。

南京保卫战中中国军队的地堡

这是当时教导总队辎重营中校营长郭岐的一段描述:“越是拥挤,行军的速度就越慢,而且一直都在走走停停、歇歇等等,将近午夜时分了,四周一团漆黑,伸手不见五指,俄而,从大队人马后面,转来了轰轰轧轧的巨大声响,益更增添了首都双十二深夜的震栗与恐怖。……路上想必躺有不少惨死者的尸骸,因为我坐在摩托车车斗中,时刻都在闻到扑鼻而来的浓烈血腥,血腥的味道像是浇了水的石灰,‘男儿轻于死,赌胜马蹄下’,却是我一路之上都在噙着满眶的热泪,我急于想捶胸顿足,放声大哭,然而在兵荒马乱之际,又能从哪儿找到容我放声号啕的场所。”《陷都血泪录》

教导总队第2旅第3团团长李西开:“十三日拂晓,我到达燕子矶三台洞江边,只见许许多多失去军官指挥的散兵游勇,三五成群地由下关方向奔逃而来,边逃边骂,惊慌失措。此时,江面上一眼望不到北岸。滚滚激流之中,尽是人,抱着木柱、门窗、木盆等,顺着江水向东漂流。江水翻滚,人头浮沉。救命声、号哭声,令人毛骨悚然!待我再指挥部队过江,已是不可能,时部队早被慌乱的人群冲散。”

尽管当时战况急剧恶化,但还是有几支部队冲出了重围。一支是固守紫金山的教导总队第3旅。12月12日深夜,南京城里已经一片混乱了,第3旅的士兵仍在旅长马威龙的带领下与日军激战。到了13日的凌晨,这支部队没有去往挹江门,而是沿着紫金山北麓绕行到日军最薄弱的空隙，成功迂回到安徽南部，从而摆脱了日军的围攻。这位马威龙是广西人，毕业于黄埔军校四期，作战英勇顽强，是当时黄埔毕业生中的佼佼者。马旅长后来在兰封大战时，不幸头部中弹，以身殉国。

国民革命军第 83 军

冲出重围的第二支部队是广东的第 83 军和第 66 军 1 部。叶肇率 66 军为先锋、邓龙光率 83 军为后卫。12 月 12 日晚，广东部队冲出了太平门，遇到了日军第 16 师团的阻击，激战中，姚中英少将阵亡。到了 13 日凌晨，中国军队几次冲击仙鹤门、尧化门，都没有成功。慌乱之际，159 师代师长罗策群挥动手枪，带领士兵再次发动冲击。"丢那妈，冲啊！唔好做衰仔呀！（不要丢脸）"

冲击中，罗策群代师长以身殉国。

在这次突围中，表现抢眼的除了罗策群代师长，还有 159 师 475 旅少将旅长林伟涛。林伟涛生于 1905 年，毕业于最抢眼的黄埔军校四期。罗策群代师长殉职后，林伟涛沉着冷静，指挥部队连续冲击，打退敌军截击，撤退到九华山一线。随后率部停驻十天，收容了从南京退出的各部队官兵达数千人。（林伟俦因此获得了国民政府颁发的最高荣誉青天白日勋章。）同时，83 军军长邓龙光率 154 师、156 师经淳化镇突围，到达了安徽

林伟涛将军

东南部的安全地带。叶肇在汤山附近被日军冲散，和参谋长黄植南扮成了难民，中途还被日军抓了壮丁，帮忙运送弹药，后趁机逃脱。

日军战史披露，广东部队突围冲向汤水镇时，把上海派遣军司令官朝香宫鸠彦亲王吓了个半死。因为上海派遣军的司令部就设在那里。当时，上海派遣军司令部一干人等差点成了中国军队的盘中餐。吓得半死的日军司令急调进攻南京的两个大队回来救援，这才将中国军队击退。

到了1938年1月，这支英勇的广东部队已完全脱离了日军的控制，转赴湖南休整，不久再次走上了抗日战场。

在中国方面，提到的突围部队就这两支。可在日本方面，还提到了一支部队突围，这在中国方面至今没能得到印证。

日本战史学家儿岛襄的《日中战争——南京到武汉》：

令人吃惊的是13日夜间，一支大约五千人的中国军队向西强行突围，丢弃了大量辎重后冲过日本军的防线。阻挡其前进的一个中队顽强战斗，不幸“全灭”。经过调查，这是中国军最为能战的七十四军所部。追击的部队错误地向西寻找，却因为该部突围后即转向南方而失去踪迹。

岗绮溪子的文章中，则是这样描述：

12月13日早晨，浓雾弥漫，向西侧突围转而南下的中国军队第七十四军与为迂回切断敌退路北上的第六师团四十五联队主力爆发战斗。深夜时分，日本军已经占领了南京城的大半，可说胜负已分，但是这支突围的约六千人的部队攻击依然炽烈，击溃第十一中队的阵地后匆匆逃走。

上下两段描述尽管时间上有出入，但战斗经过大体一致。

这次战斗中，中国军队的指挥官究竟是谁，这支突围的部队是不是74军呢？战后，人们查阅74军幸存者的回忆录，均无人提及“南京保卫战”中的这段突围经历。这次突围应和74军无关。

那么，究竟是哪支部队成功突围呢？很遗憾，已经没有答案可以提供了。

日军进攻上高不惜血本 遇到中国最难啃骨头

1941年,华北的游击战争让日军焦头烂额,兵力不足首尾难顾。

上报到派遣军总部,总部遂决定抽调驻守在江西北部的第33师团增援华北战场,参加中条山战役。当时,驻守在南昌地区的部队是33、34两个师团。听说第33师团要调走,第34师团的师团长大贺茂有点着急。附近中国军队众多,第33师团一调走,他的日子可就不好过了。于是,他向第11军的司令官圆部和一郎建议,乘第33师团尚未北调,先行向南昌周围的"重庆军"进行重点打击,从而减轻防守压力。

自从接替冈村宁次,坐上第11军司令官的宝座,圆部就针对占领地周边国军重兵云集的局面同属下绞尽脑汁,想出了一个新形战术,叫"短切突击"战术。利用重炮、飞机轰炸掩护,步兵突进40至100公里,不以占领土地为目的,只为打击对手有生力量。从而给中国军队一个下马威,让对方害怕从而不敢惹他。这有点像中国武术的"打得一拳开,免得万拳来"的意思。

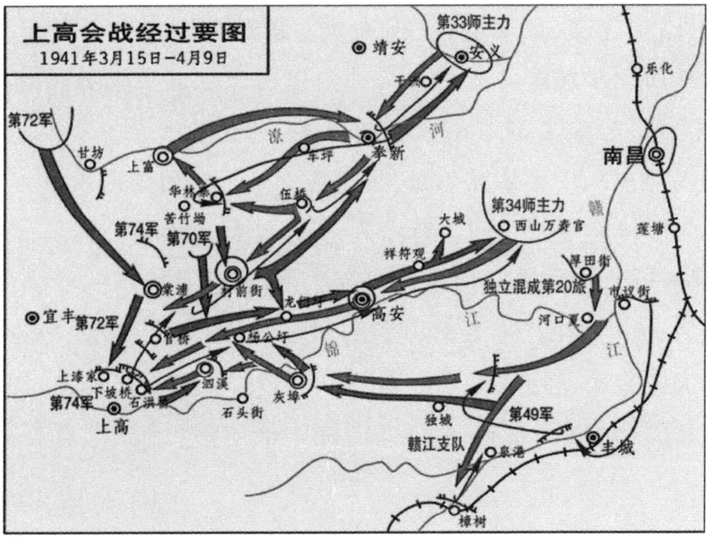

19 集团军
总司令罗卓英

3 月 14 日，日军兵分三路发起了“鄱阳湖扫荡战”。北路第 33 师团1.5万人直扑奉新；南路池田旅团 8000 余人从后背打击上高；中路第 34 师团 2 万余人攻击高安、上高。当时与日军对阵的中国军队为第 19 集团军，有近 10 万人。

为了对付日本人的“短切突击”战术，中国军队是避其锋芒，部署军队于日军侧背进行干扰，等到敌人疲惫撤退之时，再进行分割打击。19 集团军总司令罗卓英将驻高安的强势军置于中路，将李觉的 70 军和刘多荃的 49 军置于强势军的左、右两翼，突出在前，以便在退却中诱敌，运动中歼敌。可以说，日军左右突击，打击 70 军和 49 军，这两支部队只是辅助，强势军兜底。

罗将军给它的战术起名叫“磁铁战术”。两支辅助部队要当磁铁，吸得住日军，兜底的强势军是底部，要足够强大，能扛得住日军最疯狂的进攻。

据 70 军第 107 师上校营长邹继衍回忆，他们和 49 军一起充当“磁铁”。在撤退路上，邹营长不断看到穿插迂回的国军，看到友军川军第 72 军时，发现这支部队，武器装备杂乱，心下还想，自己的部队比上不足，比下有余。

国民革命军第 74 军

就在混乱之中，他发现了一支别样的部队。这支部队的战士个个“精神饱满，军容甚壮”，军装的颜色也与他们不一样，不是一般的灰色，而是美式的草绿色。使用的武器是清一色的中正式，配备的捷克机枪和马克沁机枪也比一般的部队要多。

邹营长在旁边的山头观战，轰炸时，七八十架日机如蝗虫一样遮天蔽日，重炮攻击时，地动山摇，整个中方阵地仿佛被炮火翻了个底朝天。邹营长描述，当时的场景是他从军以来从未见过的阵势。而这支军队的防守阵地上死一样地寂静，邹营长心下一沉，坏了，守军被全部炸死了？

接下来的攻击开始了，只见日军坦克开路，步兵尾随，第 34 师团的日军黑压压一群扑上来。500 米、300 米、100 米……

让邹营长大开眼界的一幕发生了。

突然，犹如一道电门突然被掀开。守军阵地上的子弹像雨一样泼了出去，所有的战壕和山洞都喷出了火舌。与此同时，后方的远程火炮也开始进行精准打击。中方的炮火一点都不比日军差。

我军战士在激战中

12 个小时后，战场上到处都是日军的尸体、坦克的残骸和四处惊跑的东洋马。

邹营长说，这就是 19 集团军用来兜底的中国决战兵团，让日军闻风丧胆的“35 部队”。被日军称为“支那第一恐怖军”的国军第 74 军。

在接下来的日子里，日军陷入了中国军队层层包围的打击之中。用罗卓英将军的话表述，每一接战，均如摧枯拉朽，动辄演变成局部歼灭战。

其实，74 军在野战阵地构筑方面已相当有经验和水平。日军进攻的老一套就是飞机轰炸、大炮轰击和发动冲锋。鉴于此，74 军早都躲在了山棱线百余米的地方，只留下少数观察员藏匿在相对安全的地方，等到日军发起冲锋时，部队全数回到阵地，组织火力网，打日军一个措手不及。

与此同时，57 师在官桥、泗溪一线阻击日军 34 师团 216 联队，半渡的日军被打得落花流水，216 联队木下重四郎少佐第一个被击毙，余下的官兵几乎全部被中国军队消灭。

日军第 33 师团进抵到他们作战要求的目的地后，以为完成任务了，还要去华北战场呢，就提前撤了。赶来增援的 20 旅团想着自己是帮忙的，出工不出力，结果进展缓慢。这两支部队不给力，34 师团可就惨了。大贺师团长打红了眼，也不管其他的支援部队在不在，继续疯狂下注，又是飞机轰炸，又是释放毒气。那两天，日军第 3 加强团光出动的飞机就有 70 多

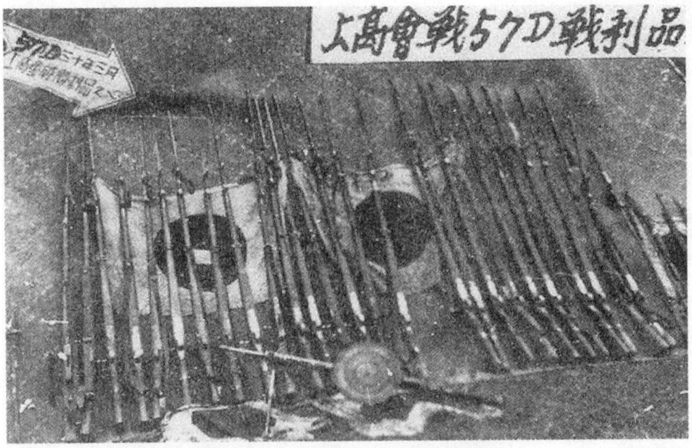

架，投弹1700枚。这对74军的老人来说，日军出动飞机的数量，是淞沪会战后看见最多的一次。

在下坡桥核心阵地，一天下来，敌我双方的死亡人数就达4000以上，57师被运下的伤员大多都是刺刀伤，足见近战肉搏的激烈。

我军战士追击日寇

面对日军的疯狂进攻，74军军长王耀武亲临一线指挥，短短一小时内，指挥预备队发起七次反冲锋，硬是把日军阻于镜山之外。

激战两天，日军没占到任何便宜。打着打着，34师团长大贺茂猛然惊醒，自己已处在一个仅几十平方公里的狭小区域，周围全是中国军队。

74军军长王耀武（中间站立者）

被包围了！赶紧请救兵！

日本第 11 军司令官圆部接到大贺的求救电报,立即命令那两支出工不出力的部队快速行动起来,援救 34 师团。

第 20 旅团倒是冲过了 49 军的阻击,但却遇到了 74 军的 51 师,结果在锦江南岸渡河时被打了一个探头,光是满载士兵的小艇就被击沉了 15 艘,有的炮弹直接命中小艇中间,满船日军当场毙命。正如一位战地记者描述,这是我们一次快意的狩猎。

3 月 24 日下午 6 点,暮光中,我军各部发起了反击。等到观战的 70 军邹营长率部参加反击时,74 军已把残敌追出了数公里之外。

到了 3 月 25 日凌晨,日军已由溃退变成了崩溃,撒开了脚丫狂奔。

以前第 33 师团的炮兵最神气,现在兵败如山倒,面对沉重的大炮,一点办法没有。等到毁坏大炮再撤退时,炮兵就成了步兵。据日军的内部资料记载:28 日凌晨 2 时,负责野战医院警卫的炮兵第八中队,终于在土地庙村西遭到了优势"重庆军"攻击,致使该中队在处理了火炮后,全体阵亡。在中国军事博物馆里,现在还珍藏着一架他们当时毁坏的大炮。值得一提的是,消灭这支炮兵部队的,就是张灵甫率领的 74 军 58 师。

大贺师团长自顾自地逃命,别的小部队就惨了,向他发来急电请求支援,他只回一句话:"从速跟上主力。"你说联队遭到围攻,连腿都拔不开,谈何跟上主力。大贺心想,我的小命都快没了,谁还管得上你。

中国军队缴获的战利品

由于失去了还手之力,伤兵也越来越多,一会儿工夫,光担架队就延伸出去了好几公里长。

溃逃的大贺残部,师团司令部在最前面,后面是行李部队、山炮部队、病院输送队、野战医院和后卫部队。后来,这个溃逃序列遭到了木下勇参谋长的严厉批评,他认为,师团司令部有失风范,在危险的时候只顾逃命,竟把野战医院甩到了后面。想想大贺也是,堂堂大日本皇军师团长,只顾自己逃命。后来他活到了1963年,75岁病死。

第34师团大部被歼灭,大贺带着残兵败将丢盔弃甲地逃了出去。第33师团救了人,自己却被中国军队给围了起来,遭到了74军的痛击,等到逃出生天,灰头土脸地回到驻地时,他们的华北旅游也就此告吹。

上高会战,中国军队击毙日军少将指挥官岩永、大佐联队长滨田,歼灭日军1.6万余人,击落敌机1架,缴获日军军马2800余匹,辎重物资无数,军委会参谋总长何应钦将这场战役称为"抗战以来最精彩的一战"。蒋介石特以军委会名义授予74军"飞虎旗"一面。这是当时国民革命军中的最高奖励。

上高会战抗日阵亡将士陵园

庐山孤军成功脱险

现在的金轮峰

1938年7月26日，日军占领九江。

秀美的庐山近在眼前，第11军司令冈村宁次兴致勃勃地画了一张写生，他希望几天内就能登上中国的“夏都”庐山，一览慕名已久的风光。但他万万没有想到，近9个月后，日军付出了极其惨重的代价，才得以进入牯岭山城。9个月中，冈村宁次几次面对近在眼前却无法攀登的庐山发出“不识庐山真面目”的感叹。

起先，守卫庐山的是广东第66军的159师和160师。按日军的描述，中国军人神出鬼没，常常利用地形进行阻击，给进攻中的日军造成了很大的麻烦。战斗中，饭塚国五郎的坐骑被击中一只眼睛，饭塚当即从马上摔了下来。

紧接着，一个榴弹炮分队遭到了中国军队迫击炮的轰击，全部丧命。

9月3日午后，101联队的联队长饭塚国五郎大佐被中国士兵狙杀。

9月12日晚，一名士兵操作不慎，榴炮弹当场爆炸，7名鬼子上了西天。

从9月10日至22日，日军向金轮峰发起了12次攻击，但都被华振中领导的国军第160师击退。

无计可施的日军使用毒气，中国士兵多人中毒。

到了9月23日，在援兵的帮助下，日军才攻上了金轮峰的山腰。可是，就在日军庆祝时，第3大队的牧野少尉和十多名士兵竟意外地从山上滑了下去……

25日，日军开始攻击金轮峰主峰。为加强火力，鬼子们费了老鼻子劲，把重炮运上了半山腰，谁知道士兵技术不精，接连发射了数十枚炮弹，无一击中目标。随后，日军又调来了高射炮，用打飞机的高射炮轰击峰顶，但仍然没有得手。

27日，101联队第3大队大队长川上受了重伤。当天夜里，中国军队发动逆袭，101联队第3大队的机关枪中队一个没活，另外两个中队也几乎被一锅端，近400名鬼子被中国军队击杀。

紧接着，第101师团师团长伊东政喜中将中炮受伤，被送到了九江治疗，指挥官现场易人。

战场进入了相持阶段，庐山上担任阻击任务的主力换成了江西保安团。10月间，江西省保安处副处长蒋经国上山慰问守军。

到了10月4日，66军被抽调到万家岭战场围堵106松浦师团。随后，通往庐山的主要通道隘口都被日军占领，9日，庐山被日军合围，成为孤岛。

孤军在作战

负责庐山守卫的总指挥是杨遇春、国军将领胡家位和江西保安第三团团长邓子超。

从10月7日开始，日军第101师团再次向庐山守军发动了多次进攻。

10月28日，守军在九星路高垅一带捣毁日军汽车4辆，击毙70余人。

11月21日，守军袭击姑塘白石嘴，毙敌6名，缴获日军船1艘。

1939年元旦之夜，守军各大队派突击队下山袭击罗家大屋，毙敌40余人。

1939年1月12日下午，日军出动11架飞机，在轰炸与扫射牯岭之后，日军还投下100多桶煤油和10多枚烧夷弹，企图火攻庐山，结果都被国军扑灭。

孤军守卫的阵地

11月23日，日军找来3名汉奸到山上诱降，提出“什么条件都可以商量”，并许诺官兵加升三级，赏洋百万元。杨遇春把诱降书撕得粉碎，将三名汉奸就地处决。

保安团上山的时候还是盛夏，经历了一个寒冷的冬天之后，甚至到了武汉会战结束，日军都没能拿下庐山。

庐山抗战纪念碑

1939年3月底，南昌陷落后，日军开始从武汉、南昌方向抽调兵力回攻庐山，庐山守卫进入了决战。

4月17日凌晨1时，日军在大炮，毒气弹的帮助下，分8路向庐山发动围攻。战斗中，邓子超第3团成功突围；18日，日军攻占牯岭，准备合围胡家位率领的11团。打到18日夜，正要被日军合围时，突降大暴雨，进而引发山洪，水深没过膝盖。那天夜里，11团的将士雨夜突围，天亮时撤下庐山。

后来胡家位回忆，大雨过后，漫山遍野都盛开着杜鹃花，战士们掐着杜鹃花充饥,穿过南浔铁路,抵达了安全区域。从投入战斗到成功脱险,3000 保安团的将士们拖住强大的日军时间长达 8 个月又 23 天。这是抗战史上的又一个奇迹。

抗战杀敌
我空军健儿血洒长空

自1937年8月14日中日首次空战以来，不到10天，日军精锐的“木更津”和“鹿屋”飞行队60余架飞机被中国空军击毁，歼灭过半。日军驻台北海军联队长、海军航空兵大佐石井义被迫剖腹自杀，向天皇谢罪。中国空军的四大天王浮出水面，成为日军航空兵的克星。

高志航

辽宁通化小伙高志航，是中国空军主力部队第4战斗大队的大队长。1937年8月14日，高志航率第4大队飞抵笕桥机场，与日机在上海展开空战，一举击毁敌机6架，第4大队无一伤亡，取得了辉煌战绩。自此，中国以“8·14”定为中国的“空军节”。那一天，蒋介石在日记中写道：倭寇空军技术之劣，于此可以寒其胆矣！高志航击落日机十余架，以高超的飞行技术和领导才能,被称为中国空军的军魂。1937 年 11 月 21 日高志航牺牲于河南周口机场,时年 29 岁。

刘粹刚

辽宁小伙刘粹刚性格豪爽、耿直,是一个典型的关东大汉。1933 年,他在试飞意大利飞机时,飞机突然起火,他临危不惧,硬是把飞机降落下来,从而一举成名。1937 年对日作战,刘粹刚驾驶他的长机在 8 月 20 日首开纪录,击落日军战斗机、侦察机各一架。12 日,在南京上空,第一架 96 式栽倒在他的手里。

1937 年 10 月 12 日,日本海军航空队 18 架飞机在南京上空投弹扫射,见中国空军没有动静。狂妄的日机竟在南京上空穿梭飞行玩起了特技,炫耀武力,羞辱中国。刘粹刚见状大怒,驾单机闯阵。

日机见状群体攻击,刘粹刚左冲右突,猛然一个直 8 字急转弯,狠命咬住日机尾部,两三秒钟的时间内,4 挺机关枪同时开火。日机拖着一条浓烟当场跌在南京市东郊,粉身碎骨。这场干净、利索、漂亮的空战前后只用了几分钟。南京城内的老百姓也顾不得防空警报,倾城出动,观战助威。

三个月时间,共有 11 架日本飞机被刘粹刚送上了祭坛。

图为刘粹刚失事现场

12月26日，刘粹刚驾机和队友掩护八路军反攻娘子关。在返回的途中，能见度低，燃油告急，不慎在山西高平县撞到了二十几米高的魁星楼上。飞机没有爆炸、没有起火，悬在了楼上。营救人员到达的时候，看见刘粹刚的左手还依然握着操作杆，24岁的英雄已经离开了我们。为表彰刘粹刚的功绩，他被追赠为空军少校。

乐以琴

四川小伙乐以琴勇猛顽强，屡立战功，一人打掉敌机8架，创造了辉煌的战绩。被人誉为“江南大地之钢盔”，他所驾驶的2204号座机成为日本空军望而生畏的克星。1937年12月，因座机被击伤跳伞后，伞未及时打开而壮烈牺牲，年仅23岁。

李桂丹

辽宁小伙李桂丹，击落敌机8架，以辉煌的战绩升任空军第4大队上尉本级代大队长。1938年1月1日，国民政府授予李桂丹二级云麾勋章，以奖励他的作战功绩。1938年2月18日，武汉空中激战中被敌弹击中，血染长空，年仅24岁。

周志开

周志开，1919年生于河北滦县，看英雄照片，容貌俊朗。和很多现在的年轻人一样，他的梦想也是当一个明星，只可惜，生不逢时。1935年6月，周志开瞒着家人，偷偷报考了中央航校。1938年2月，他以优异的成绩被派往空军第4大队任见习官时，中国空军的“四大天王”已全部为国捐躯。

1943年，中美空军取得了制空权，日本飞机已难有作为。6月6日这天，中国空军第4大队大队长李向阳率13架P—40驱逐机打击完日军返回梁山机场，正待加油。没想到，被打怕了的日军14架战斗机和8架轰炸机尾随偷袭。刚落地不久的中国战机大多被炸毁，当时，周志开正在飞机上检查仪表，看到敌机袭击，顾不得关上挡风，强行起飞，单机闯入日机群中，当即击落一架。日军以三架轰炸机为一个编队,看到一架被击落,另两架仓皇逃跑。周志开单枪匹马进行追击,在云阳上空将两架日机击落。

蒋介石听到汇报后,亲自为周志开颁发青天白日勋章,这是抗战中中国飞行员被首次授予青天白日勋章。

只可惜,半年之后,周志开在执行任务时,遭四架日机围攻,他在击落两架日机后壮烈殉国。

那一年,他也仅有 24 岁。

日军眼中的中国军队

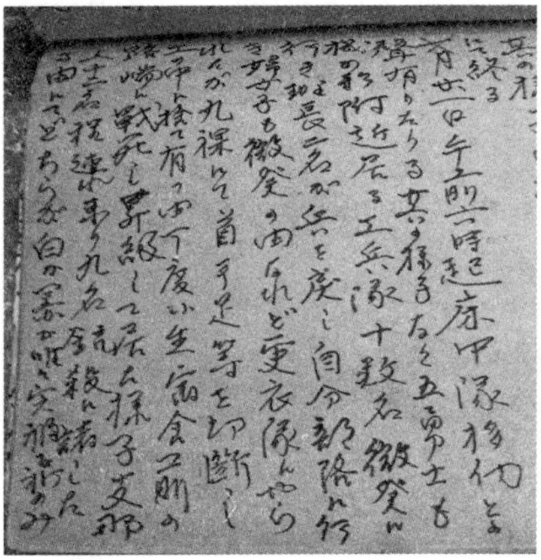

日本士兵日记

这是一组日军士兵的日记，从这些侵略者的眼中，我们也能看到中国人抗日的英勇和顽强。

中村义夫 淞沪会战

(1937 年)11 月 9 日

支那军队出乎意料地顽强，一点退却的意思都没有。对阵在 150 米的地方的时候，支那军队的坚强削弱了我们的士气，我们联队感觉上好像全部被消灭了。这样激烈艰苦的悲惨战斗，确实会令人哭泣。那个时候，前线的战士什么也没有，都想退回到后方，认为因为轻伤撤退下来，是非常非常幸福的，本人也为得到了救助而变得很高兴，而身体健康的前线战士，不知什么时候会得到死刑的宣判，也不知道活生生的感觉能到什么时候。

日军士兵涩谷升　3 月 27 日　台儿庄

半夜二时出发，幸哉，无月，无星，四面黑暗，敌方无从探知我方行动，中途无受敌兵袭击。到达总队部，立即开掘战壕，竹安君被派步哨，由木君受伤惨重，据称，第四中队于二十四日战斗，死伤将达一百数十人之多。天亮六时半，各炮队开始发炮，其音响震动天地，第五、第六两中队结成敢死队由城墙之破裂口冲入。墙边有河浜，手榴弹如雨飞来，数人中弹倒毙，其惨状实为人间地狱。队长命令，不管死伤如何惨重，各应尽本分，步兵几乎全员倒毙，手榴弹仍如雨飞来，我身边亦飞来数枚，我无负伤，非常奇迹，经激战方得占领城市一隅，我方已牺牲半数以上云。

然后将死伤者全部收容于大房屋内，黄昏，敌再度袭来，我方受伤数人，手榴弹仍如雨似雪飞来。夜间我与林原、足立两君刺毙敌兵九名，通宵枪声不绝。

4 月 6 日

与林原君两人送足立君之尸体至收容所，途中迫击炮纷纷飞来，非常担忧，尸体运至火葬场时敌弹愈射愈烈，我伏于望远楼中，稍待，大队部在此中弹三名，第八中队八名亦倒毙，第三小队亦运尸体前来，下午七时，收拾死伤兵之枪支，大队部无法支持，退至河浜附近，敌弹愈射愈猛，牺牲数百人之声明而占领之场所又被敌方夺去，我队亦含泪跟随大队部后撤，退却时向战死者暂告惜别，且将所有房屋放火焚烧。

日本士兵日记

衡阳 7 月 2 日，晴

联队炮兵弹药在昨天用尽，无力支援，由师团炮兵协助进攻。10 时 40 分，第 3 大队开始进攻，其中第 12 中队攀上山崖冲入敌阵。日本军刚刚松了一口气，一直隐藏在山顶的重庆军却从两侧猛投手榴弹。重庆军手榴弹兵顽强地坚持在被日本军炮火严重摧毁的阵地里进行抵抗，后面的重庆军扛着成箱的手榴弹也陆续上山增援。虽说是敌人，也是佩服的。

11 时 10 分，第 12 中队占领了山顶，但是，有两名勇敢的重庆军出现在张家山高地西南通往 25 山顶的交通壕上面准备袭击 30 米外的日本军，黑濑大佐急切命令炮兵开炮，随后一发炮弹准确击中了这两名重庆军。

7 月 18 日

本日，进攻衡阳的日本军逐次攻克重庆军的据点，极力压缩包围圈，但抵抗仍然顽强。志摩部队推进到小西门外 100 米，重庆军在日本飞机轰击刚结束，就立即连续投掷手榴弹 1 个小时之久，抵抗极为顽强。随后飞行第 6 战队，第 44 飞行战队，装上火箭弹，攻击还在进行抵抗的敌阵地，以利于部队冲锋。

7 月 19 日

重庆军在南面反攻频繁,猛烈。日本军每次都给予重庆军以严重打击。日本军第 44 飞行战队轰炸敌阵,有力支援了地面上的日本军,由于空袭使用了特种弹使衡阳有 8 处燃起大火。

7 月 20 日

重庆军虽然损失惨重,仍然在顽强抵抗。日本军有 10 个大队外围警戒,20 个大队修缮道路,15 个大队进攻衡阳,36 个大队准备歼灭增援重庆军。

从开始作战到 7 月 20 日,日本军在衡阳攻坚战和外围阻挡援军的战斗中,战死 3860 人,战伤 8327 名,战病 7099 名,合计 19286 名,损失马匹 7126 匹。

十月六、七、八日　雨

我部终于在敌前强渡成功,但是伤亡不断增加。在那两天,遭到敌人一次又一次的猛烈反击的日军变得疲惫了,战况不利。大队长战死,中队长和小队长也相继战死,士兵也不断战死。

九日早晨,在敌军的反攻中,加纳部队也遭到被全部歼灭的悲惨命运。整个联队只剩下两三百人了,死者的遗骸散于泥泞的田野中。看到身边所发生的一切,心中油然而生的只有等死的悲伤。

虽然自己在九日的上午还健康地活着,可是什么时候是我的死期呢?如今在敌国的土地上被敌兵所欺凌,啊啊,真的是遗憾至极啊!

由于几天连续下雨,友军在恶劣的环境下益发苦战恶斗。

这里记录下此前的战斗情况:

决一死战的敌前渡河战斗在第三次战斗中取得成功。第一、二大队面对敌军的反击,一次又一次地进行了反击。阵亡的人不断增加。

散兵坑道被连日的雨弄得面目全非而且灌进了水,因为官兵整天都浸泡在雨水中,病人不断出现,都是些闹肚子疼的。大队长、中队长和小队长及以下的干部大部分都战死或负伤了,兵力减为原有的一半,整个联队的精神面貌萎靡不振,完全失去了日本军队原有的风采。

不久,至十一日,联队长也战死了,联队基本上全部被歼灭了。

步兵第三师团的第一大队赶来增援,可是在敌军的袭击中死伤大半。

因为下雨,飞机连续两三天不能进行空袭。炮兵呢,因为弹药泡在水中,想开炮也无能为力。步兵第三师团的应援部队也被敌人整得很惨,他们的武器弄得满是稀泥,一枪也打不出去,看来只有等死。我第一回和队长一起渡河,队长战死,无可奈何,只得把他的遗体放在敌人的面前两天两夜,自己暂且退到后方。作为一名奋战在第一线的军人,我早已有了必死的决心,我是把自己的钱财拜托了德君,才出发上前线的。可是迄今为止,我还算走运,没有被敌人的枪弹击中,这只能说是托了神明的福,是祈求神护佑的结果。可是对于我的战友,我真的是爱莫能助。看到日益升高的死人之山,我只有一洒悲伤之泪。

伤兵也得不到很好的治疗。可惜啊,我们似乎只有战死在此地了。粮食的补给也断绝了。哦哦,我们的处境一言以蔽之曰:悲惨。渡船不够用,工兵也几乎全军覆没了。

可是,从十日开始,天气渐渐转晴。师团参谋笠原中佐成了我们的联队长。粮食的补给也渐渐地接上了气。军队的士气也渐渐向上。随着我军空袭和炮击加强,日本军队的实力就逐渐发挥出来。十二日那天,我们四名士兵抱着必死的信念挖掘出了队长的遗骸,昨天晚上就火化了,今天早上我们收捡了骨灰,将其放置在大行李部。

奋勇作战。十月十三日上午九时记此。

衡阳保卫战

日本士兵试图通过水路向中国守军发起攻击

根据衡阳会战的参战者葛先才将军回忆,中国方面,当时衡阳城里有 7000 多伤兵,但是,没有营养品,药品,血库和手术条件。伤员们伤口发炎红肿如丘,脓血如泉外流,且有伤员身上已经生蛆,痛苦难当。忍受不了痛苦自杀的超过百人。战斗中衡阳城内屡次遭到日军空袭和重炮轰击，全城仅存五栋房屋残存。多数全毁，少数半毁，数千伤兵就躺在残垣断壁中，风餐露宿，被大批红头苍蝇包围。时值盛夏，气候炎热，伤兵们难以洗澡，更有些人大小便不能自理，尤其悲惨。

以下是当时日军的日记。

8 月 4 日

第 11 军命令对衡阳第 3 次总攻击，第 5 航空军以主力协助第 68、第 116 等师团进攻。其中第 133 联队对 y 高地进攻，终于断然开始了，敌地堡，附近的村子房屋，铁丝网，栅栏几乎全部被日本军炮兵摧毁。

但是，重庆军改变了战术，他们放弃了高大的堡垒，全部深入地下，地面上只有很低的枪眼，上面盖着铺路的石头。地下积水到达腰部，重庆军就站在水中战斗。

8 时开始冲锋，一线步兵机枪，迫击炮一起狂热射击，冲锋的声势高涨起来。联队长命令拼出死命，坚决冲锋。左大队冲入敌阵，重庆军从两侧面高地猛烈开火侧击，在正面重庆军士兵从被摧毁的房屋背后跳出来投掷手榴弹。最终左大队全部战死了，攻击最终受挫。

8 月 5 日，晴

第 133 联队右大队在 7 时开始进攻，重庆军火力激烈，大队长东条大尉阵亡，2 中队长泽田少尉负伤。联队开始本次战役以来已经损失了 7 个大队长，联队长如同切断手足一样，痛惜万分。左侧，部队冲向敌阵，为了压制敌人反击，日本军使用手榴弹冲到 10 米处炸毁重庆军侧射机枪，日本机枪手拿起自己的机枪顶在腰部射击。日本军官兵在敌阵经过几十分钟奋力混战，极为壮烈，实为白昼现代战中少见的悲惨壮举。

中国派遣军总司令冈村宁次在他的日记里这样记载：“（1938 年）10 月初，第 27 师团占领箬溪一带，检查缴获的敌军官兵致其亲友信件，其内容几乎全是有关我军情况以及他们誓死报国的决心，极少掺杂私事。同一时期，第 101 师团检查反攻我阵地战死的敌军官兵遗体，发现死者的父母来信中，也都是鼓励他们为国家和民族奋勇献身的言词。”

70 年后，一位侵略者的后代反思：无论美化战争，还是把战争当作笑料，都是不可取的。战争很残酷，它泯灭人性。

日军战史记载的第三次长沙会战

1941 年 12 月 8 日，日军第 23 军向香港发起进攻。4 天后，23 军佐野兵团突破英军主阵地，完全占领九龙一带。很快，日方得到情报，中国驻守湖南株洲附近的暂编第 2 军和第 4 军开始向广州移动。

13 日，日本第 11 军参谋长木下勇少将召集作战主任岛村等人开会讨论，决定向长沙附近的中国军队发动攻击，以策应向香港进军的第 23 军。意见达成后，他们向第 11 军司令官阿南惟几进行了汇报，阿南司令官当场予以批准。

这一天，阿南在他的日记中写道："即使不能拖住敌人，也将给予其他重庆军以严重威胁。"

日本第 11 军司令官阿南惟几

为此，日军共派出了第 6 师团步兵 9 个大队和两个山炮大队，第 3 师团 6 个步兵大队，3 个山炮大队；第 40 师团 4 个步兵大队，1 个山炮大队。另有 3 个步兵大队和两个山炮大队 26 日集结。部队前后加起来有 6 万多人。

日军计划 24 日向中国军队发起攻击。

12 月 17 日，蒋介石发布命令，要求第 5、第 6、第 9 战区，从 12 月 30 日起 15 天，向日军实行全面游击战。

18 日，驻扎在汉口的第 11 军司令部"首脑之间"，就牵制行动还是进攻长沙发生了争论。22 日，阿南惟几司令官在日记中写道："这次作战，因其动机与策应对象不确切，难以明确进行，更因后勤等准备时间，是一次稍稍不彻底的行动。"

准备不充分，让阿南司令官对这次牵制的攻击行动，有一种不好的预感。

日军情报部门的报告上列出了中国军队的参战序列与名单,还是第 9 战区司令官薛岳为首,共出动了 12 个军 30 多个师来迎战。

第 9 战区司令长官薛岳

12 月 24 日夜,日军第 6 师团和第 40 师团开始进攻新墙河左岸和汨水左岸。24 日当天清晨,日军飞机就发现中国方面多辆军列从南往北开往长沙。当天晚些时候,第 9 战区司令长官薛岳下达的命令被日军破译。

第 37 军在汨水南岸坚守 15 天,不得已时,可退往社港市、金井方面。

第 78 军,应从平江方面西进攻击南进日军。

发现中国军队的调动和情报证实,让阿南司令官很满意,他在当天的日记中写道:正好达到了牵制的目的。对于 37 军和 78 军的动向,他则显得很轻松:和上次一样,只有被我捕捉而已。

24 日晚,第 6 师团左纵队 23 联队乘大雨和黑夜,渡过新墙河,夜袭突破了中国军队的阵地。在新墙东南 4 公里傅家桥击退了顽强阻击的中国军队后,向大荆街方向挺进。右纵队 45 联队经过黄沙街,也赶往大荆街进行追击。

第 40 师团渡过沙港河后,击败中国 134 师,于 25 日夜占领了关王桥。关王桥是中国第 20 军的所在地。

25 日清晨,第 3 师团开始集结,于 26 日沿粤汉旧铁路南下,逐次占领了归义附近的汨水右岸。

26 日,第 6 师团主力经过 8 小时激战,攻占了新墙河南 20 公里的龙凤桥。

25 日,香港英军提出投降,香港陷落。

才开战两天,香港英军就投降了。应该说,阿南惟几此次行动的目的已经达成,他对日军三个师团的表现十分满意。

从 26 日开始,日军的进攻行动一再被中国军队逐次消耗。

连日来,湖南连降雨雪,河水暴涨,日军的攻击行动受到了恶劣天气和中国军队四处阻击的严重影响。27 日上午，第 3 师团飞雪中强行渡过汨水河，受到了中国第 99 师的顽强阻击。第一波攻击展开后，到了下午 3 点，日军辎重部队开始渡河时，突然遭到了侧背后铁桥下中国军队的猛烈扫射。

第三次长沙会战经过要图

1941年12月24日—1942年1月15日

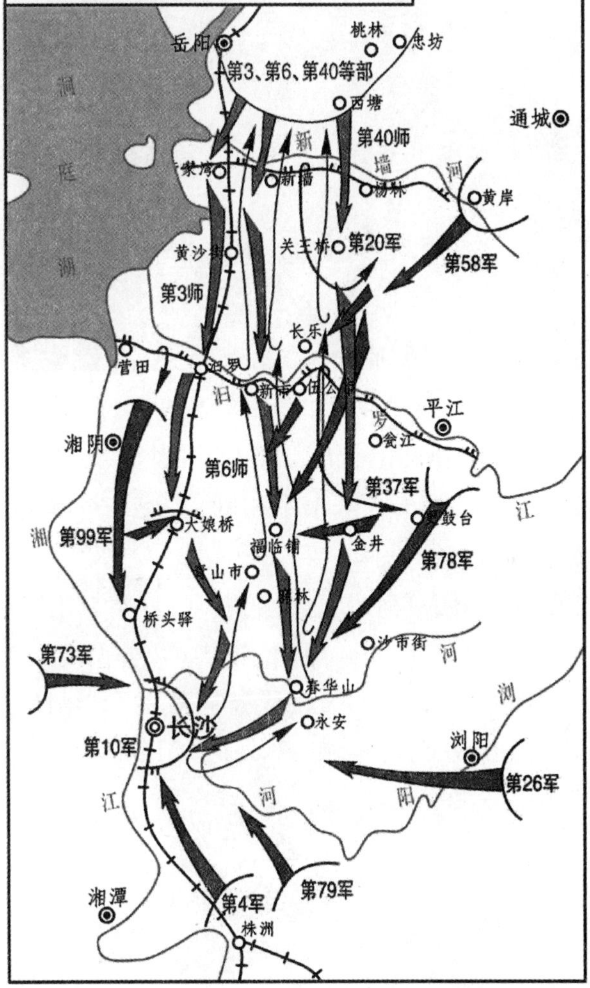

没办法，日军只好回头扑灭这个火力点。等到担任驮马护卫的小队过河时，连续遭到三拨中国军队的攻击，一个小队差点被全歼。

27 日傍晚，日军第 3 师团全部渡过了汨水。丰岛师团长下令，师团主力全部进入大娘桥东西一线，准备迂回包抄第 37 军。

第 6 师团由于连日雨雪，河水猛涨，延迟了三天不能渡河。直到 29 日凌晨，渡河后才开始攻击前进。30日晨，和95师接火。

处于防守中的中国军队

日军遇到95师极其顽强的抵抗。第95师甚至从左右两边包围了13联队总部，幸好上空有日军飞行队出手相助，才让日军解了围。山野炮第6联队的木村敏大尉头部被枪弹打穿而死。

28日，日军第40师团渡河时，出奇的顺利，日军只用了两个小时就全部渡完。军史记载，那天天降大雪，汨水两岸一片皆白。

架设在湖南长沙岳麓山上的重炮

中国军队第95师主力利用地形，逐次展开阻击。日军炮击无效，就连重机枪都不好架设，飞机攻击也十分有限。从28日到30日，日军用投掷筒、手榴弹和轻机枪发起了不间断攻击，直到30日午夜，在付出了惨重的代价后，才占领了高地。后经确认，守卫山顶的500名中国军人隶属第99师。

30日夜间，辎重兵第40联队的联队长森川敬宇中佐受到袭击，雪中战死。

到了12月31日，日军的攻击部队中都流传着要撤退回转的信息。大家对接下来的行动一无所知，上上下下都疑神疑鬼。

可是，阿南司令官在和日军总部反复沟通后，决定向长沙发起攻击。要求第3师团迅速抄近路向长沙发起攻击；第6师团一部向长沙进军；第40师团向金井急进。

探知日军的进攻意图后，蒋介石直接下令，第73军、74军和第4军从湖北、广西、广东三地向湖南运动，野战重炮第一旅开赴岳麓山炮兵主阵地。

日军方面，第3师团如愿接到了进攻长沙的命令，部队上下为之一震，马上部署部队全力向长沙挺进，并喊出了"只有我第一个先到长沙"的口号。31日下午，先头部队开始渡过浏阳河，向长沙南发起进攻。

本来上级要求第3师团从左迂回，得知进攻长沙后，第3师团竟放弃迂回，直接抄近路挺进长沙。这让第6师团的师团长神田中将十分恼火，下令主力编成两个纵队，彻夜向长沙进军。

当时的第3、第6师团，存在着强烈的争功欲念，谁也不愿意甘拜下风。

缴获战果的中国士兵

1942年元旦，第3师团开始向长沙攻击，守卫长沙的第10军异常顽强，第3师团没有取得进展。当日，直辖大队长加藤少佐被中国军队打穿腹部，加藤大队长的副官和一军曹被打死。日军多次组织敢死队向中国阵地发起攻击，想要抢回加藤大队长，但均遭失败。当天，日军的野部队两个大队逐一对中国守军的据点进行攻击，日军战史称重庆军抵抗极为猛烈，的野部队第二中队全体人员，均伤亡于湘江河畔。

2日清晨，第40师团与37军在官家桥不期而遇，展开了激烈的遭遇战。

3日拂晓，第3师团石井联队攻击浏阳门，由于弹药缺乏，只能与中国军队拼刺刀，有士兵在拼刺刀中死亡。第6师团奉命攻击，但是，遭到了中国守军岳麓山炮兵的猛烈轰击，日军弹药出现不足，攻击受挫，神野一郎大队长战死，横田大队5中队干部全部负伤。情报显示，从四面八方赶来的中国军队开始进行合围。

第3师团占领长沙南部的东瓜山阵地后，中国军队组织火力，不间断地进行逆袭。横田大队第8中队长黑岩中尉战死，由于缺乏弹药，日军眼睁睁地看着黑岩的尸体无法抢回。

3日夜，第40师团向金井附近集结时，遭到了来自西北和东面中国军队的攻击，攻击从夜晚一直持续到天亮。

其实，在2日当天，中国军队已经抢得了加藤大队长的尸体，并从他身上搜到了重要的文件。在得知日军弹药不足的情况后，薛岳司令官兴奋地敲着桌子说，虽然是一张薄纸，却比万挺机枪还重要！

3日当天，中国军队的攻击更加猛烈，第3师团伤亡已有700多人，攻击部队、司令部和后方部队，不断受到来自岳麓山中国重炮的轰击。参谋们向丰岛师团长建议，这样下去，无法占领长沙，要及早撤退。丰岛师团长恳请阿南司令官延期一天，想要抢回加藤大队长的尸体。结果阿南司令官并未批准，要求部队3日夜迅速进行反转。

为大部队铺路的工兵联队先行后退，在浏阳河岸边冒着枪林弹雨强行修补桥梁，但遭到了中国军队的火力猛攻，修补工作未能展开。

后退有技巧，正在激战中后退，人是跑不过子弹的。为了防止反转过程中出现更大伤亡，4日一大早，第3师团的第68联队仍旧继续向长沙城南门进行猛烈攻击。到了下午3点，部队开始收容伤病员，作反转的准备。21点，第2大队反转；23点，第1大队反转。

先出发的是伤员部队、兵器部队、山炮大队、速射炮中队和驮马部队等。刚行进到清水塘北侧时，就遭到了中国军队机枪的密集扫射，反转队伍只好又折了回来。23点，联队本部反转到清水塘西北侧时，前方突然有人用日语盘问，谁？走在前面负责毒气的田中象二中尉误以为是驮马部队的人，于是回答，我。话音未落，轻重机枪就扫射过来。随后，照明弹升起，成片的手榴弹飞了过来。日军军史记载，当时军旗中队遭到了严重威胁，如果手榴弹再延伸10米，军旗和人一起被炸飞。随后第2大队赶到，向中国军队发起攻击，保证反转队伍顺利进行。当天晚上，都是与中国军队之间不断地冲锋与反冲锋。这期间，联队本部与第1大队失去联系。

第9战区长沙战时指挥部

第1大队原计划23点反转，等到正式行动时，已到凌晨4点23分，一路上遇到的都是中国军队的阻击。

5日上午6点，整个联队在李家湾子才实现会合。

4日，第6师团赶到渡河点郎梨市周围，遇到了中方第26军的猛攻。5日、6日两天，日军一面组织兵力进行守卫，一面全力抢修桥梁，准备撤退。反转过程中，第18联队将军旗安放在一家民房中，谁知道一颗迫击炮从天而降，军旗卫兵上半身被炸飞，还好，军旗没事。当时，第3师团长丰岛房太郎从隔壁房间冲了过来，大声喊道："我来保护军旗。"亲自担任起保护军旗的任务。

也就在当天，辎重兵联队4个中队、1个工兵分队运送大量粮食和弹药冲向长沙方向时，遭到了中国军队的猛烈扫射，士兵全被打散，直到7日下午1点，这些散兵才被断后的野部队收容。

第40师团龟川联队接到反转的命令比较晚。当天，他们在官家桥北侧遭遇了正在南进的中国军队，中国军队数量众多，日军陷入了苦战。尽管接到命令，但伤员太多，不敢直接撤退，直到晚上才悄悄撤出包围。有日军在阵地前的房屋墙上用日文写的标语：湖南是日本兵的坟墓。

3日夜间，40师团主力被中国军队包围，深夜多次发生白刃战，青木师团长和参谋长在一间宽阔的民房中静坐了一夜，第二天，在9架飞机的轮番轰炸中，才狼狈地撤出了包围圈。

4日当天，步兵236联队第3中队的中队长六车中尉在山谷中发现了上千名中国士兵，悠闲地躺在草地上休息，可是日军已没有了弹药，眼睁睁地看着却不敢发起进攻。日军描述，这些日军不得不如同怕惊醒"熟睡的孩子"似的悄悄躲避开。

傍晚,第40师团主力才在户田联队和龟田联队的掩护下进行转进。当晚,他们每人的枪中只有10到15发子弹,每个分队只有一两颗手榴弹。

到了6日,空军才给他们投放了十颗炮弹。一位参谋的日记中写道:给第40师团补给10发山炮弹,真是勉强的作战啊!

1月3日,日军还在全力进攻长沙时,第11军的司令部里就已经充满了忧愁和不安的气氛了。上午11点,阿南司令官来到了司令部,在参谋室的黑板上写下了这样的话:今生莫把惊惧生,兵家胜败是常情。

5日黎明,第40师团负责断后的龟川部队把大多数伤员送到了大山塘附近一处峡谷的死角。500名日军随后占领了山谷北侧一处有庙宇的高地。6日清晨,中国军队搜索至此,向只剩下20%弹药量的龟川部队发起冲锋,激战中,弘田少尉受到狙击战死。双方展开激战。7日黎明前,日军一线阵地受到猛烈炮火攻击,60人的防守死伤大半。7日,伤亡达450人。此时,包括自杀的子弹外,炮弹仅剩3颗。中午,两架日军运输机给龟川部队投放了弹药和食品。9日,龟川部队与师团主力会合时,能够战斗的士兵仅有第2中队的20名。

6日阴天,飞机不能如意侦察。

第6师团主力开始北进,辎重兵第6联队带着300名伤员,依旧在和中国军队进行苦斗。

第3师团石川部队在曹家坪南陷入重围;辎重兵第3联队被中国军队3个师包围。

第40师团主力,傍晚进抵春华山北,被留在大山塘的龟川部队,在第37军的重围中,弹尽粮绝,正在作殊死决斗。

7日,旭日初升,晴空万里。

日军独立飞行第87中队投入战斗,被围日军士气大振。

第3师团开始向捞刀河一线北进,被围的石川部队在多架飞机扶助下,突围成功。

第6师团从捞刀河北进。

第40师团主力,于此日傍晚,从春华山北方地区,开始反转。

7日傍晚,一直关注战局的阿南司令官突然决定,击破栗桥东西两侧追击的第58军和第20军。当天,他在日记中写道:"幕僚们还是忧心忡忡,必须相信我军是皇军师团,拥有军旗的步兵联队,有极大的战斗力。”

参谋们反对这一命令,他们认为,突破栗桥需要时间,应该突破敌薄弱地区进行北进。但是,司令官主意已定,不得不执行。

收到命令时,第6师团正要向青山市进发。随后,部队改变方向,陷入了正在追击第3师团的中国军队7个师的包围之中,展开了凄苦殊死的决斗。

在此期间,第3、第40师团的战况,有了迅速发展。到9日黎明,第3师团在福临铺东北部集结完毕;第40师团成功收容了龟川部队,继续北进。

8日夜间,第11军司令部接到了独立混成第9旅团山崎大队攻入影珠山的报告。9日早,山崎大队在影珠山全军覆没。自1月4日反转以来,战况一再恶化,司令部风云突变,阿南中将一贯泰然自若,这次接到山崎大队覆灭的报告,顿时愕然,完全陷入忧虑之中。

9日早,第6师团的竹原部队开始强行突破中国军队的重围,战斗十分激烈。

上午11时,第6师团的战斗指挥所,进入麻林市北3公里的冯家墩,师团在此休息,收容部队。

中午,指挥所遭到东南方500米高地上中国军队的机枪射击。师团直属步兵第23联队第2大队立即向中国军队发起进攻,但枪炮声越来越激烈,入夜,敌弹开始集中在指挥所周围,司令部全体人员进入战斗配置。手榴弹的爆炸近在咫尺,迫击炮弹也在前后爆炸。事后神田师团长回忆:“敌弹击中墙壁的声音终夜不绝,甚至以为指挥所坚固的土墙也会倒塌。”

当时,卫生队已整理好文件,做好了全体“玉碎”的打算。

9日晚22点30分,鹰林大队开始向冯家墩集结,行走到一处水田小路时,突然旁边有人用日语问?谁?哪个部队的?鹰林大队默不作声,瞬间遭到了机枪扫射,黑夜中双方展开了手榴弹战和白刃战。天明后,重庆军射击更加准确,各队陷入重围。

第6师团的第13联队在麻林市附近,被中国军队的3个师所围困。战斗极为残酷,联队各部队在中国军队的重围中,陷于孤立,弹尽粮绝,到处展开反复的肉搏战,孤军奋战4天,于12日才撤退到平冈联队的收容阵地。

到了1月10日,包围第6师团的中国军队已有10个师之多,虽然秋山飞行团几十架飞机轮番相助,但依然未能摆脱围困。

下午，进入冯家塅东方台地的友成联队各部队，到处与中国军队遭遇，展开了轻重机枪的阻击战，接着又遭到了迫击炮的集中射击，中国士兵连续不断地蜂拥而至，日军炮手、机枪手相继战死。

飞行队虽以全力支援，但对于集群的大军，并无效果，重庆军吹着冲锋号，到处展开手榴弹战。到了傍晚，机枪弹药和手榴弹全部用完，只能依靠刺刀进行战斗。入夜，友成联队长命各队突破敌阵，分散突围至台地北侧梅薮桥集结。

10 日下午 4 点，11 军司令部要求第 3、第 40 师团派出部队对第 6 师团进行营救。第 40 师团占领古华山，做好进攻准备。

第 3 师团派出第 18 联队，向福临铺急进中。第 11 军军部接到了第 6 师团神田师团长的来电。自尊心极强的青田师团长向司令部报告称，他们已脱离险境，不必救援，多谢好意！

11 日，风雪已停，日军飞行队开始行动，全力救助第 6 师团。

这一天，第 11 军司令部的参谋们才悄悄缓了一口气。

12 日，集结在新市周围第 3 师团第 18 联队与重庆军遭遇，第 1 大队长森胁常市少佐战死；第 40 师团继续向长乐反转；第 6 师团主力，已进至兰子河。平冈联队，占据飘风山周围的收容阵地。友成联队于零时进入白沙桥附近，又陷入重庆军包围之中。清晨，15、16 架轻轰炸机出动，向重庆军阵地进行轰炸，友成联队冒着弹雨总算突出重围。

13 日，第 3 师团新任师团长高桥多贺二中将在新市就职；第 40 师团经由大荆街向三江口进发；第 6 师团在飘风山继续收容散兵，当夜，平冈联队的平原中队长中弹身亡。

1 月 14 日 9 时，各兵团一起向汨水北岸进发。

1 月 18 日，11 军司令部设置灵堂，举行追悼会。这次作战，日方损失竟达 1591 人，战伤 4412 名。

被俘虏的日军官兵

在国际上，英美政府向重庆政府发来贺电，国内外掀起一片胜利的凯歌。

这是日本战史描述的第三次长沙会战的战报,当中有很多值得玩味的地方,最后的伤亡数字与中方也有着极大的差别。

中方宣布,日军伤亡 56944 人(其中亡 33941 人,伤 23003 人)俘虏日军中队长松野荣吉以下官兵 139 人,中国军队伤亡官兵 31346 名。

中国军队的战利品

日本军方记载160架日机被毁

中国空军战机(资料图)

1939年10月3日,中国空军袭击武汉的日军机场。在日本的文献中记载,是役至少击毁击伤日机160架,击毙日军鹿屋航空队副司令官小川弘大佐、木更津航空队副司令官石川淡大佐等多名高级军官。

特别是日方提到,当时在场的日军海军"第二航空队"司令官塚原二四三将军在此战中负伤致残。由于他致残后无法继续担任海上任务,原来极有可能由他担任的日军海上机动部队司令官职务,改由他的同学——没有航空指挥经验的南云忠一担任。

战斗中的中国空军

日本记载翻译如下:

奇袭汉口基地

苏联送给中国的SB-2轰炸机神威大展,于1939年10月,大举进袭了日本军占领下的汉口基地。中方趁机而入的背景是,此时正值诺门坎事件爆发,日本的注意力集中在北方。当时,日本海军的航母舰载机部队正以"第二联合航空队"的名义驻扎在汉口的空军基地,而且因为汉口机场拥有长达1500米级的跑道,停机坪也很宽敞,所以,不仅仅海军,陆军的航空队也使用此机场。1939 年 9 月末,汉口机场除了有 140 ~ 160 架的日本海军战机外,还有日本陆军 20 架的侦察机和联络机云集于此。可是,他们对中国空军的奇袭攻击没有任何察觉。

中国空军战机(资料图)

10 月 3 日凌晨,以 12 架苏制图 SB - 2 高速轰炸机为主力的轰炸机部队袭来,由于日本方面没有一架战斗机在空中执勤,防空炮火也没有准备,因此,中方的 SB - 2 驾驶员得以冷静地实施轰炸。第一波轰炸是在 6000 米高空进行的。没有遭到反击,他们又降低到 1400 米高度实施了第二波轰炸。中方的 12 架战机虽然没有达到满载的 10 吨载弹,但全部炸弹都倾泻到了汉口机场。日本方面的飞机由于密集驻扎于此,遭受了严重的损失,燃起了熊熊大火。统计日方的损失,全损至少为 60 架,另有接近 100 架左右受伤,汉口机场的大部分飞机都被认定无法起飞。人员伤亡更甚,死伤者多达 240 名,其中司令官塚原四三(海军少将)负了左手被切断的重伤。九死一生的塚原在治疗中的 11 月 15 日晋升为海军中将,但由于失去左手,被认定不再适合舰队勤务,只好转任基地航空队的指挥官了事。

塚原于 1921 年加入横须贺航空队,进入航空界打拼以后,历任"临时航空技术讲习部员""凤翔号副舰长""航空总部教育部员""航空厂总务部长""赤城号舰长""航空总部总务部长""第二航空战队司令""第二联合航空队司令"等职,始终没离开航空教育与部队勤务。由于塚原丢了一只手(没法再继续在海上指挥舰队),因此,无法胜任海军机动部队司令长官一职了。实在再也找不到塚原这样精通航空的人才,结果只好让虽然与塚原同届毕业(海军 36 期)、但却始终与航空无缘的南云忠一担任海军机动部队司令官。可见,中国此次轰炸在历史拐弯处产生了何等大的影响!

看看丢了一只手的塚原,仍旧能继续在军中服役(虽然是被转到预备役去了),就可以了解塚原对于航空界实乃不可或缺的人才。如果不是这次轰炸负重伤,未来担任机动部队指挥角色的,很大可能性将是塚原。在太平洋战争开战之时，塚原担任了第十一航空舰队司令官，初战就奇袭轰炸菲律宾，在马来亚海战中击沉英舰两艘。应该说炸伤塚原，对日本海军是巨大损失。

1938 年 10 月 3 日那天，据说补给飞机将从木更津航空队飞过来，塚原司令及下属军官都集中在战斗指挥所前，正在此时炸弹落下，实在是不走运得很，以为是自己的飞机而毫无戒备……

中国空军战机

这次的轰炸除了塚原以外，还直接造成了木更津航空队副队长石川淡、鹿屋航空队副队长小川弘的死亡。汉口机场原本是赛马场，经平整修建的机场。

杭州笕桥航校空军战士合影

关于这次奇袭，坂井三郎在《天空的武士》一书中，以《最倒霉的一天发生的事》为题，有详细描述；而战史丛书《中国方面海军作战 2》里面只提到中国空军的 SB－2 等扔下 50 余枚炸弹，大多数落入附近水田云云，并未涉及日军飞机所受损失。

美洲归国华侨参加空军

险恶重重的敌后战斗
死死拖住了日军后腿

1937年10月,八路军对日军占领的山西代县阳明堡机场进行严密监视。有一天,情报人员报告,着陆场上有24架飞机。八路军129师769团在陈锡联指挥下,以一个营攻击阳明堡北面的城镇,另一个营进攻南面的城镇,第3营在夜里悄悄接近阳明堡,两个连袭击敌军驻地,另外两个连包围机场,用手榴弹破坏了22架飞机。取得了辉煌战绩。

八路军战士在转战中

在日军的战史里,还有这样一个记载。

那是1943年的冬季,日军在山东曹各庄发现八路军的活动踪迹,就派出三辆坦克和一支步兵部队前去

八路军阵地

扫荡。在作战中,步兵部队被八路军引开了,三辆坦克冲进了村庄。后来,日军步兵没有追上八路军,就返回来想和坦克会合。结果一直联系不上,他们就四处寻找。后来在村子里的巷道中间发现了三辆坦克,坦克完好无损,塔台上面堆着燃烧过的玉米秸秆的痕迹,里边的士兵却无一存活。原来,日军的坦克被八路军引到村中的巷子里,巷子越来越窄,坦克变成一路纵队,到巷子尽头开不动时,埋伏好的八路军突然把堆在两侧的玉米秸秆推到坦克上点燃,造成坦克里面缺氧,日军士兵窒息而亡。

战斗中的八路军

两个战例所体现的是中国共产党领导的八路军抗击日寇的智慧。美国罗斯福总统的卫队长卡尔逊,在抗战初期的1937年春,担任美国驻华武官,他曾来到了延安和八路军总部进行采访。八路军副总参谋长左权告诉卡尔逊,我国是多山的,我们的士兵习惯于爬山。如果需要,他们一天可行军六七十英里,日军携带有重武器,他们一天只能行进20英里。我们的每支部队单元很少有超过600人的。这些单元经常袭击日军的交通线,攻击日军驻地,伏击他们的纵队。人民帮助我们了解敌人的动向,灵通的情报,机动性的必胜的信心是我们的主要资产。①

战斗中的八路军

听到阳明堡着陆场被八路

① 埃文斯·卡尔逊(1896—1947)美国海军陆战队军官,曾任富兰克林·罗斯福总统的卫队长,美国驻华武官。1937年春,卡尔逊深入华北敌后抗日根据地,获得许多第一手资料,回国后竭力宣传八路军的英勇善战和禁止对日贸易。

军破坏的介绍,卡尔逊很吃惊。他的脑海中形成了一个这样的图画,侵略军就像一头大象,云集在他周围的大黄蜂日夜不停地刺伤它。食物要靠国内供应,成群的大黄蜂又时时飞来劫走供应品,在这样的条件下,大象又能活多久呢?

共产党游击队在敌后的斗争是非常艰苦的。这一点,连日本人都很佩服。一个叫作铃木启久的中将在他的日记中写道:“负责掩护大部队撤退的后卫部队,一直战斗到全体战死为止。”这支军队斗志旺盛,让他感到非常的震撼。

八路军骑兵部队

日本防卫省战后出版的《华北治安战》写道:八路军“情况不利时,则将武器藏在地下或洞窖中,化装便衣,很难与群众区分识别。但在意外遭遇或追击时,其战斗意志相当强,特别是在村庄的防御战斗尤其坚强,战斗到最后一人仍然顽抗到底的例子,屡见不鲜”。

八路军战士破坏日军铁路

日本战史刊物《历史群像》:“我和国民党军打过仗,也和八路军打过仗,论武器装备是国民党军好得多,但八路军极善运动,也就是说,对战场的控制力极强,随时随地都会向你发动进攻。和他们作战,我们无时无刻不在紧张中。作为战士,我们更不愿和八路军交手。……和国民党军打仗,敌人败了就一跑了之,我们可以放心大胆地追击,和八路军打仗,即使撤退,他们也会设下各种陷阱,我们绝不敢掉以轻心。”

训练中的八路军战士

1943 年 6 月,日本中国派遣军司令部接到华北方面军报告:“从今年 1 月到 5 月,与共产军交战次数为 5524 次之多。……敌大半为中共军。与蒋军相反,在本年交战 1.5 万次中,和中共的作战占七成五。在交战的 200 万敌军中,半数以上也都是中共军。在我方所收容的 19.9 万具敌遗体中,中共军也占半数。但与此相比较,在我所收容的 7.5 万俘虏中,中共军所占的比例则只占一成五。这一方面暴露了重庆军的劣弱性,同时也说明了中共军交战意识的昂扬。……因此,华北皇军今后的任务是更增加其重要性了。只有对于为华北致命伤的中共军的灭绝性作

抗日游击队

战,才是华北皇军今后的重要使命。”

抗战 14 年,八路军副总参谋长左权壮烈牺牲;第 4 军第 16 旅旅长罗忠毅在突破日军的包围中身先士卒,血洒疆场。狼牙山五壮士舍身跳崖,新四军 6 支队谢继书、谢继祥、谢继良三兄弟在与日寇的作战中先后壮烈牺牲,英雄母亲忍痛含泪说,我和儿媳要把四个孙子培养成人,让他们长大后精忠报国。

游击队拔除日军据点

衡阳会战震惊世界 促使东条内阁垮台

同样是守城之战，前者是常德，后面是衡阳。前者是第74军第57师，后者是第10军三个师。前者是虎贲将军、黄埔一期余程万，后者是猛将、黄埔三期方先觉。余程万城破突围，蒋介石要杀他，后多方求情饶他一死；后者为保护所部剩余官兵被迫投降日军，成为人生污点。方先觉因衡阳保卫战被授予青天白日勋章，手下的四位师级干部葛先才、周庆祥、容有略、饶少伟同时被授青天白日勋章。余程万生前活得坦荡，去世后，与长官王耀武、小弟张灵甫比来是身后寂寞；猛将方先觉直至1968年退役，衡阳降敌之事仍屡次被抨击，遂出家为僧，1983年，方先觉台北去世后，当年对手日军士兵及后代竟多次来方墓前膜拜拈香吊祭，并一一报上他们当年参战时的部队序列番号，表示是代表该部队前来凭吊的，所谓威震敌胆，可见一斑。

方先觉将军

日军发动一号作战时的坦克部队

有人说，方先觉功亏一篑，未竟全功，以致晚节不保。

那么，是什么样的经历，竟是如此让人争论不休呢？

1943年下半年，盟军在世界各地转入反攻，日本为阻止盟军从中国大陆攻击其本土，决定在中国大陆发动一号作战计划，打通河南、湖南、江西及广西等地的交通线。这样，将东北和东南亚直接贯通起来，这场战争在中国被称为豫湘桂会战。

日军大本营先后抽调了约15万人给中国派遣军，这样使日军参加会战的总兵力达到了51万人、火炮1500门、坦克800辆、汽车15500辆，战役规模在整个抗战期间，都是最大的，规模超过了日俄战争时的两倍。

当中国情报确认日军将要发起一次大的会战时，中国战区的参谋长史迪威将军却判断失误，要求蒋介石派20万精锐部队去缅甸。20万军队派出后，中国战场的形势就急转直下。

4月17日，日军第12军首先在河南发起了豫中会战。短短39天，日军就以极小的代价打通了平汉路，占领了包括洛阳在内的豫西诸要地，击溃了第一战区的主力，中国军队阵亡3.3万人、被俘7800人。第一战区惨重失利，战区司令长官蒋鼎文和副司令长官汤恩伯均被撤职。

湖南方面，5月27日，日军第11军第一梯队的5个师团兵分三路向崇阳、岳阳、南县一线发起攻击。仅用23天，日军就击溃中国军队主力。6月18日，第11军攻陷长沙。第4军军长张德能指挥不力，8月25日，被军委会下令处决。

长沙一失，日军下一个目标就是湘南重镇衡阳了。

衡阳，位于湘江西岸，是湖南境内的第二大城市，因“北雁南飞，至此歇翅停回”，自古即有“雁城”的美称。南岳衡山在城市的北面，粤汉铁路与湘桂铁路在此交会。中日战争初期，不少上海与汉口的大工厂迁到这里，使得衡阳的税收上升到全国第三，被誉为“小上海”。除此之外，衡阳还是美军第14航空队在中国最大的基地，长期驻有中美混合空军的轰炸机群。可以说，在战争后期，衡阳的军事战略价值完全超过了长沙。同时，也成为当时大后方仅次于重庆、昆明的工商业城市。

第10军将士

会战爆发前，几乎所有衡阳民众都认为：这座城市将幸运地躲过这场战争。已经成为强弩之末的日本人，不可能，也再没有力量进攻长沙以南的衡阳。可是入夏后，随着长沙转瞬陷落，日军迅疾南下，一下子把抗战爆发后安宁了7年的衡阳推到了大战的前台！

5月29日，蒋介石用长途电话向正在衡山的第10军下达立即开赴衡阳、固守衡阳十天至两周的命令。6月1日，方先觉率第10军进入衡阳。第10军的前身是著名的黄埔教导团，号称泰山军，是国军最高荣誉，飞虎旗的获得者。四个师加上军部只有17600人，其中战斗兵14000人，其他是通信、卫生、工程、辎重等没有武器的非战斗人员，第10军的士兵以湖南人和浙江人各占一半。

部队到达衡阳后，立即开始构筑工事。第10军久历战阵，尤擅防御，工事修筑极有心得，对预设的国防工事进行了精心改进和加强。放弃了若干外围工事，缩小防御正面。

衡阳保卫战前百姓乘火车逃离

城北依托湘江与蒸水设防，城西北池塘、水田全部放满水，各池塘之间通道均构筑碉堡、地堡，城西南丘陵对敌正面，全部削成断崖，在崖顶筑有手榴弹投掷壕。无法修成断崖的山丘前挖设壕沟，壕沟一般都有5米深、5米宽，沟底还有地堡，以防日军藏匿。

炮兵部队则对衡阳四周丘陵、山地、村落、路口等目标，都标定了射击诸元。在湘江边上准备了石油，可以随时排入江中然后点火为障。在衡阳市区各路口均修筑了工事，将重要物资，比如弹药、粮食、被服、药品等，都分散保存于地下储藏处。

为保证在战斗中各部队之间通信联络的畅通，电话线尽量埋设在地下，同时，组建电话线抢修队，划分责任区，便于抢修。无线电台布置在坚固建筑物内。对空联络白天使用布板，夜间使用灯光，为此特意准备了百余个饭碗，内置桐油，夜间需要对空联络，即点燃桐油。

6月23日拂晓，日军第68、116师团扑向衡阳，中国抗战史上最悲壮、最惨烈的衡阳大战的序幕正式揭开。双方激战5天，到6月27日，日军在付出巨大伤亡后，占领了衡阳外围阵地，阵地上的中国守军连伙夫在内，没有一人逃跑、投降，全部战死。

27日凌晨，日军向枫树山阵地发起进攻。这一天凌晨，一股一股的日军通过障碍物向我守军阵地进行攀登，每一股约30余人，守军官兵居高临下投出手榴弹将其击灭。天亮后，日军攻势逐渐停止，各阵地前的尸体大约在1000具以上。日军战后都不解第10军的工事为何如此难攻，他们将这种夺去他们数以千计将士生命的战壕称之为“方先觉壕”。

方先觉壕遗迹

25日，半个炮营、6门山炮、2000发炮弹冒着日军的炮火进入衡阳，这成了衡阳保卫战中最重要的王牌，第10军共有14门火炮和3000发炮弹。

27日上午，中美空军一架飞机被日军地面炮火击中，尾部冒着浓烟，迫降在高岭与停兵山之间的水田上，守军第30团派6名士兵抢救飞行员。空军分队长陈祥荣被救下后，被方先觉军长安排在军指挥所内，负责陆空联络，在地面上指挥中美空军准确扫射轰炸日军目标，这是陈祥荣作为空军飞行员对衡阳保卫战所做的最大贡献。

6月28日拂晓以前，日军步兵第58旅团独立步兵第117联队，在永里恒彦少佐的指挥下，大举进攻停兵山。各层障碍物大多被破坏，日军突入了据点。守军第30团7连官兵寸土必争，战至最后一个碉堡时，官兵仅剩下4人，连长张德山电话向葛师长、陈团长报告："决与敌人拼至最后一颗手榴弹。"随着电话的中断，爆炸声、枪声和喊杀声渐渐止息，第7连所有官兵全部殉职，而日军的伤亡，在守军数倍以上。

10时30分，第68师团师团长佐久间为人中将带领参谋长原田贞三郎大佐、参谋松浦觉少佐等人来到丁家山高地，用望远镜窥测守军阵地时，被预10师第28团迫击炮连连长白天霖发现，当机立断，用8门炮排炮集中火力射击。第一群炮弹射击，即全部命中目标。佐久间为人、原田贞三郎、松浦觉等人均负重伤，被紧急送医。中将师团长佐久间为人两个睾丸被弹片全部削去，侥幸未死，但日军第68师团指挥系统瘫痪。后日军急调谷寿夫之子谷隼夫从武汉赶来指挥第68师团。谁知道，谷隼夫在赴任途中被中国空军击毙，日军第11军司令官横山勇遂命令左翼第116师团师团长岩永汪中将负责全盘指挥，以便继续攻击。

被日军轰炸后烧焦的我军五名战士遗体

29日，日军永里恒彦少佐带领的独立步兵第117大队继续攻击停兵山，在切断守军布置的铁丝网后，向前强行推进，结果触上了地雷，并遭受到守军猛烈的射击，尸横遍野，其5名中队长相继被击毙，进攻失败。

日军伤亡惨重。断崖工事、手榴弹战和炮兵使用，是衡阳之战中的三大特点。断崖上，守军每个排三个班，每个班十个编号，当排长一声令下，并非所有士兵都同时投手榴弹，那样就过于浪费了，而是根据相同的编号投出，比如，令1号投掷时，一个排里的三个1号上前同时投掷，2号、3号……如此类推。从6月26日至6月30日,守军每天都要用上两三千个手榴弹。战术化的手榴弹投掷,一次次绝杀来攻之敌,这是日军在衡阳伤亡巨大的主要原因之一。日本军史学家伊藤正德对第10军的手榴弹战有这样的评价:“手榴弹投掷是中国军队的另一战技。此项战技,原为英美陆军之拿手戏,而现在之中国国军,却已超越了英美,爬升为优胜队之A组。”

6月28日,日军对衡阳发起全面总攻,是为第一次总攻,宣称三日攻下衡阳城。为了实现三天攻下的大话,第68师团、第116师团共17个大队,3.5万人的兵力,从东、南、西、北四方围攻衡阳城里的第10军。其中以张家山一带的攻击最为酷烈,60米高的张家山,中日双方相互攻取了13次,中国军队抵抗极为顽强。日军独立山炮第5联队弹药渐渐不足,不得不限制射击,进攻失败。受命进攻张家山西北方虎形巢高地的日本第116师团步兵第120联队,在联队长和尔基隆步兵大佐的指挥下,于夜幕降临后猛烈袭击。哪知尚未接近阵地便遭到致命打击,一名大队长被击毙。第116师团师团长岩永汪见120联队无功而返,半夜急调133联队来支援。

6月30日,日军出动60架飞机,飞临衡阳市城区投掷燃烧弹,市内从南至北均燃起大火。

那天,方先觉军长走出指挥所现场指挥,一颗炮弹从天而降,落在方先觉身旁,方先觉却纹丝不动。幸好那个炮弹没有爆炸。

攻击中的日军

下午4点,日军无耻地使用了毒气弹对中国守军进行攻击,80多名战士倒毙,现场十分惨烈。133黑濑联队两次试图攻入张家山西侧221高地,均被守军击退。

战斗最激烈的五桂岭、枫树山、张家山等阵地一到晚上就成了火山。湘江东岸的飞机场上,日军在这里也燃起一堆堆烈火，焚烧战死者的尸体。短短的六天，烧毁了一万多具日军尸体，夏日的晚风中，湘江西岸的守军也能闻到这令人作呕的血腥尸臭。

三天过去了，日军声称三天要攻下的衡阳仍旧岿然不动。

7月1日清晨5时，日军步兵炮和炮兵山炮集中对张家山高地上的堡垒进行近距离轰击。张家山高地烟尘弥漫，木片飞散，景象壮观。5点50分，日军发出了支援冲锋射击的信号弹，3个大队的步兵轻重机枪都参加了压制射击，枪声极为猛烈。第4中队为攻击中队，中队长米井高雄带领近百名上了刺刀的士兵匍匐在张家山350米远的地方。

英勇的第10军将士

日军步兵阵地进攻，士兵冲锋时完全看部队长的手势，而不靠冲锋号和说话指挥，更不喊什么“冲啊”“杀啊”之类的口号，而是像哑巴一样沉默冲锋。因为有这个特点，所以日军冲锋时，最大独立作战单位中队的队长，一般都跑在最前面。

离5点50分还有5秒钟，米井中尉突然起身，举起右臂猛挥一下，发出了冲锋的示意。他刚起身往前迈步，一颗子弹正中脑门，米井未发一声就死掉了。正要冲锋的日军士兵目瞪口呆，小队长田中清喊了一嗓子，由我代理中队长，继续攻击。如梦初醒的4中队才向前冲去。

等冲到悬崖下，就遭到集中投来的手榴弹攻击。爆炸停止，白烟扩散，第4中队全体伏卧不动，当场全部战死。下午14时，第2中队逼近守军阵地，黑川队长手提战刀冲在前面，突然两颗手榴弹爆炸，黑川殒命。

当晚，日军133黑濑联队发起了夜袭，一个大队全部战死。

“盛夏的烈日渐渐西去，张家山消失在黑夜里，有热气的微风使人感到可怕。日本军第1大队开始夜袭，不久无线电发生故障，没有了消息。

23时传来激烈的交火声和手榴弹的爆炸声，黑濑联队长命令第2大队上去支援。夜已深沉，更觉不安，不久就与第2大队失去联系。晨1时，第1、2大队夺取山顶。重庆军冲出来反扑，在夜间挤在又深又窄的交通壕里的日本军第1大队大队长和官兵几全部战死，第2大队大队长也负伤了。重庆军以手榴弹袭击使日本军不得不放弃了山顶。在这次战斗中，大须贺大尉，山下芳信少尉，鹫野升少尉等战死，足立大尉、石松三男少尉、高山成雄少尉等负伤。”

当晚，虎形巢的战斗尤为激烈，日军不计生死猛闯。进攻密集得没有波段可分，不像平日30～40人为一组，而是一群人往火海里冲。双方长时间处于混战之中，日军仍不断增援。守军预10师第29团第1营营长劳耀民指挥所部坚守阵地东北一角，浴血苦战。

7月2日凌晨3时，第2营营长李振武率部驰援，向西逆袭，经过两个小时的鏖战，将突入之敌全部消灭。天明以前，日军已遗尸近1000具。

7月1日拂晓前，天还未亮，守军发现湘江东岸有三四十只木船载着日军向西驶来。守军于是要求炮兵射击、空军炸射。待敌船驶至江中央时，更配以战防炮射击，大多数敌船被击沉。少数船只接近湘江西岸，被守军重兵器猛烈射击，打得船翻人入水，残骸遍江，随波而逝，日军的渡江阴谋被挫败。

7月2日拂晓，日军又向张家山阵地施放大量毒气弹，许多守军官兵昏迷。8时左右，日军开始发动凶猛无比的进攻，第一次的兵力就在200人以上，同时突入221高地及227.7高地。萧维营长指挥士兵反复冲杀，也未能将阵地恢复。危难之际，预10师葛先才师长亲自指挥工兵连及搜索连向张家山展开逆袭。同时，要求炮兵集中火力，阻止日军后续部队。守军官兵壮志如云，奋起喊杀，以排山倒海之势冲上221高地及227.7高地，与敌鏖战40多分钟，将突入的日军全部歼灭。“葛师长赤膊大战张家山”的事迹，传遍全军上下。

到7月3日，日军伤亡惨重，兵力难继，遂由全面进攻改为重点进攻。4日攻击虎形巢，遗尸200具，无功而返。5日至8日，日军于黄昏后，在炮击与毒气弹的掩护下，分别向江西会馆、枫树山、修机厂、张家山、虎形巢等阵地进行攻击，虽然双方各有伤亡，但守军阵地安然无恙。

7月9日和10日，日军飞机不断投下大量燃烧弹，衡阳成了一片焦土，已经没有房屋可以燃烧，其状甚为凄惨。衡阳县政府附近之野战医院被炸，700余名伤员被炸得血肉横飞，其状惨不忍睹。无卫生材料，医药用品奇缺，医务人员只能用盐水给伤员洗涤伤口，再用破布、废纸敷盖。重伤者无法手术和医治，只得等待死神的降临。

6月21日深夜，蒋介石给方先觉打电话，要求第10军坚守两个星期，但坚守得越长越好。如果力不从心，可以给蒋介石发出密码两字，只要发出这两个字，蒋介石保证，48小时解衡阳之围。现在战斗已进行近20日。步枪、机枪子弹消耗60%，还能支撑。真正消灭敌人的有力武器手榴弹已消耗了三分之二，迫击炮弹更是耗去了五分之四，而最为严重的是，野山炮弹仅剩十分之一。在给养方面，衡阳为米市，米仓被毁，炊事人员只得于断瓦颓墙下掘取烧成棕褐色的米粒烧成糊饭，配上盐水供官兵充饥。天气炎热，苍蝇太多，群蝇争食，卫生很难保障。官兵中多发腹泻，又没有药品，不少人因病死亡。

7月12日，方先觉向蒋介石发出了第一封求援电报。接到电报后，蒋介石立即命令第62军、79军从西南、西北救援衡阳。结果，这两支部队全被日军阻击，未能进入衡阳。

7月15日一夜，守军阵地上的轻重机枪、迫击炮和手榴弹爆炸就响个没停。16日黎明，黑濑联队第3任大队长迫八郎率部攻击萧家山时下起了大雨，随大雨而来的是一发炮弹，迫八郎中弹而亡。第10中队的中队长率部冲锋，代理第9中队的池崎紧随其后。白刃战，佐藤被毙杀，池崎重伤。下午4点，第一大队长关根彰率部再攻萧家山，关根在用军刀切割铁丝网时，一颗子弹，正中前额。至此，黑濑联队先后五个大队长全部被毙杀于张家山、萧家山、张飞山和军舰高地一线，几位现场任命为大队长的中队长和小队长也相继丧命。到此，黑濑联队被第10军预10师剔成了一副骨架。

从12日方先觉发出求援电报至16日，连续六天六夜，日军以西南阵地作为主目标，用8000之众的伤亡，打开工事全毁的张家山与虎形巢两扇大门。仅7月15日一天，进攻衡阳的日军17个大队就被击毙3个大队长，后继无力，不得不顿挫于坚城之下。守军此时已伤亡惨重，双方都无力再战。

7月18日，由于中国军队第10军的坚强抵抗，衡阳久攻不破，日本首相东条英机被迫辞职。中国派遣军总司令官畑俊六出任日军参谋总长，冈村宁次准备升任中国派遣军总司令官。

遭受日军炮击和飞机轰炸的衡阳城

7月27日，蒋介石给方先觉写了一封亲笔信：

“守城官兵艰苦与牺牲情形，余已深知。余对督促增援部队之急进，比弟在城中望援之心更为迫切。余必为弟及全体官兵负责，全力增援与接济，勿念。中正手启。”蒋介石叫人将信复印几百份空投衡阳城。

同样是27日，日军第11军直属加农炮和重型榴弹炮部队向衡阳开进，各师团补充人员抵达战场，第37师团在赶来途中。7月29日，第58师团奉命参加衡阳攻坚战。

衡阳城内的战况更加恶化。

7月29日，西禅寺，杏花村、天马山之141高地、五显庙、岳屏山等阵地均遭到日军空、炮、步兵的联合攻击。守军阵地大部分被毁坏，官兵伤亡枕藉。幸存官兵都抱着与阵地共存亡的决心，决不轻易后退。负伤者裹伤再战，卒能确保阵地，化险为夷。

7月30日夜间，日军两个中队，分4批向五桂岭北部阵地进犯，激战一夜，被守军第3师第8团及搜索营的官兵击退。

7月31日，方先觉给蒋介石去了一封电报：

本军固守衡阳，将近月余，幸我官兵忠勇用命，前赴后继，得以保全，但其中可歌可泣之事实与悲惨壮烈之牺牲，令人不敢追忆！自开始构工，迄今两月有余，我官兵披星戴月，寝食俱废，终日于烈日烘炙雨浸中，与敌奋战，均能视死如归，恪尽天职。然其各个本身之痛苦，与目前一般惨重，职不忍详述，但又不能不与钧座略呈之。一、衡阳房舍，被焚被炸，物质尽毁，幸米盐均早埋地下，尚无大损失。但官兵饮食，除米及盐外，别无任何副食；因之官兵营养不足，昼夜不能睡眠，日处于风吹日晒下，以致腹泻腹痛，转而痢疾者，日见增多，即无医药治疗，更无部队接换，只有激其容忍，坚守待援。二、官兵伤亡惨重，东抽西调，捉襟见肘，弹药缺乏，飞补有限。自昨三十日晨起，敌人猛攻不止，其惨烈之战斗，又在重演。危机隐伏，可想而知，非我怕敌，非我叫苦，我决不出衡阳！但事实如此，未敢隐瞒，免误大局。

两天后，蒋介石复印多份的亲笔信再次被空投于衡阳城。

我守衡阳官兵之牺牲与艰难，以及如何迅速增援，早日解危围之策励，无不心力交瘁，虽梦寝之间，不敢忽之。惟非常事业之成功，必须经非常之锻炼，而且必有非常之魔力，为之阻碍，以试验其人之信心与决心之是否坚决与强固。此次衡阳得失，实为国家存亡之所关，决非普通之成败可比，自必经历不能想象之危险与牺牲。此等存亡之大事，自有天命，唯必须吾人以不成功便成仁以一死以报国家之决心赴之，乃可有不说一切，战胜魔力，打破危险，完成最后胜利之大业。上帝必能保佑我衡阳守军最后之胜利与光荣。第二次各路增援部队，今晨已如期到达二塘、拓里渡、水口山、张家山与七里山预定之线。余必令空军掩护，严督猛进也！

其实，7月下旬，蒋介石发出的解围密电即被日军破译。日军针对中国解围部队的行军路线，派出了4个师团阻击中国增援部队，中国解围部队第20军、26军、58军、72军、37军和44军，均伤亡惨重，无功而返。

蒋介石给方先觉的所有承诺全部落空。

这是1944年的悲哀。

不当家不知柴米贵，蒋介石也有他的难处。和史迪威发生了多次不愉快，战前20万精锐被抽调去缅甸，中国战场上的空中支援，史迪威一直在卡脖子，中国现有的部队都已十分虚弱，不经打。

时间就这样来到了8月。

8月1日黄昏，第11军参谋长中山贞武少将同司令官横山勇中将乘侦察机从长沙出发，8月2日清晨5时30分飞抵衡阳机场，现场指挥这次攻击战。当时守军迫击炮正中机场，炸伤日军随行军官一名，炸死士兵两名。

以下是日军第三次总攻衡阳的命令：

一、隼部队（第5航空军）自8月3日至8月4日主要协助堤部队（第68师团），8月5日至6日主要协助广、鹿两部队（第58师团，第13师团）作战。

二、命堤部队于8月4日17时开始进攻，以主力攻取岳屏，再派一支有力部队攻取寺庙高地（岳屏东南400米），继续向铁炉门码头方向前进，以扩大战果。

三、命岩部队（第116师团）于8月4日17时开始进攻，以主力攻取岳屏西北高地，继续往中国银行（岳屏以北600米）方向前进，以扩大战果。

四、命广部队（第58师团）严格隐蔽意图，在敌前妥善做好准备，于8月5日派主力从衡阳城西北，另派一支有力部队从北侧地区开始进攻，继续往埠门码头（铁炉门码头以北350米）方向进击。

五、命鹿部队（第13师团）于8月4日从湘江东岸地区以其炮兵和游击部队协助堤部队进攻，并于5日开始向潇湘码头（铁炉门以北800米）附近进行炮击。同日夜间，命联队长指挥的步兵约两个大队于该地附近强行渡江，使之协助广部队进攻。

8月3日，日军出动大批飞机对衡阳进行轰炸，开始了第三次总攻的准备。午后，炮兵作地毯式的猛轰，一部分野山炮甚至推到守军阵地前100米以内，对阵地作全正面轰击。

日本第11军司令官横山勇

8月4日清晨，佩戴“天照皇大神宫”神符的横山勇亲自指挥。日军总计动员5个师团，11万人，轻重炮100余门，炮弹4万发，对守军阵地全面猛攻，一时间，整个衡阳陷入地动山摇中。

除了江防与蒸水方面外，每一个地区都遭到

日军不计生死的亡命冲锋。日军声称要一天之内拿下衡阳。一天前，蒋介石电令黄涛：“着第62军不顾一切牺牲，再迅速奋勇前进，如达到衡阳解围，官升级，兵有赏。”

蒋介石的命令在强势的日军面前显得苍白无力。这一次，日军兵力之众，攻势之猛，火力之强，持续时间之长，为开战以来所未有。

五桂岭北部，为第3师第8团据守。日军攻至下午，大部分阵地陷入敌手。黄昏时，2营营长苏琢率仅有的60余人逆袭。反复冲杀战至午夜，将入侵阵地的日军全部肃清。

衡阳小西门的巷战

岳屏山、接龙山阵地为预备第10师第28团驻守。接龙山阵地防守设施被日军炮击全毁。第3师工兵连补充上来，尽歼入侵阵地之日军。岳屏山工事则极为坚固，多层障碍物发挥了阻绝力量，曾被日军的轰炸机和大炮破坏，但战士们仍然坚守。

五显庙、苏仙井中间高地、地面工事及外壕大部分被毁坏，但壕沟边缘内侧的木栅却发挥了阻敌的巨大功能。日军竟日的冲锋，一次次地接踵而来，都被守军用手榴弹炸倒。外壕中堆满了敌尸，残存之日军不得不退下。

天马山、西禅寺及杏花村北之141高地被日军火炮肆无忌惮、地毯式的轰炸。阵地外壕、木栅、铁丝网、碉堡全部摧毁，满目疮痍。日军满以为守军无一幸存，可以大胆地占领阵地了。当日军步兵冲上阵地时，隐藏在工事内的官兵，却如冲天炮一般，从尘土中一跃而出，用一排一排的手榴弹，将入侵之敌炸死。141高地上的9团6连官兵与阵地同归于尽，但西禅寺、天马山仍然在中国军队固守之中。

林庙至易赖庙前街阵地为第3师第7团据守。易赖庙前街阵线太长，日军蜂拥而至，人如潮水，竟日猛打，堵得东来堵不得西，忙乱异常。至黄昏时分，100余日军侵入前街，第3营营长王金鼎率其部仅存的100多人，加上师之战防炮连40人,作背城之战的逆袭,终于在午夜前将侵入日军全部歼灭。

日军宣称一天攻下衡阳城的幻想又破灭了,第10军城南、城西南、城西的阵地岿然不动。

战后的衡阳街道

8月5日,全天日军以其优势的空、炮火力向第10军阵地轰击,连续用强大的步兵向阵地全面猛攻,战斗也是整天不停。自新街、五桂岭北半部、接龙山。岳屏山、五显106庙、天马山、西禅寺至青山街,每处阵地无不为日军突入两次以上。全体官兵睡眠不足,饮食缺乏,都能忠勇不屈,拼命抵抗,将阵地夺回。最终只剩第3师直属部队与军辎重团仅有之一营,可以向各阵地增援,进行艰险无比、惨绝人寰的逆袭,勉强将失去的阵地一个个地从敌人手中夺回,但伤亡极其惨重。第7团团长鞠震寰伤势严重,第9团团长萧圭田也受了伤。

入夜,日军更是势在必得,以雷霆万钧之力,对守军阵地全面猛攻。日机不断地狂炸,伤员官兵往往因避之不及被炸得血肉横飞,哀号惨叫之声,不绝于耳。日军炮火仍连续不断地轰击,浓密的弹幕,笼罩全城,火光冲天,如同白昼。

五桂岭北半部两次被日军突入。方先觉军长命第190师第570团第二线官兵90余人,拨归第8团团长张金祥指挥。逆袭进行了两个小时,歼敌300人以上,收回阵地。

8月6日入夜之后,新街及西禅寺两阵地守军全部牺牲,阵地落入日军之手。其余阵地官兵仍顽强作战,寸土必争。

7日午后,方先觉与孙鸣玉、周庆祥、葛先才、容有略在中央银行军部开倒数第二次会议,商量城破时的对策。没通知暂54师师长饶少伟参加。饶正率部封堵从北城攻入的日军。在会后,给蒋介石侍从室(此前的电报，均按正常渠道，发至徐永昌的军令部）发去最后一封电报：

日军攻破衡阳北门

“敌人今晨由城北突入以后，即在城内展开巷战。我官兵伤亡殆尽，刻再已无兵可资堵击。职等誓以一死报国，勉尽军人天职，决不负钧座平生作育之至意。此电恐为最后一电，来生再见！职方先觉率参谋长孙鸣玉、师长周庆祥、葛先才、容有略、饶少伟同叩。”

日军攻入城区

在重庆，侍从室的林蔚接到芷江空军基地工作人员用电话口头转来的电报内容，遂上报蒋介石，后者心情遂跌至深谷。蒋条件反射似的在复电中说：“明日援军必至！”随后，蒋给王耀武去电，叫他转给一线部队长：若 8 日仍不至衡阳，当以军法从事。

结果是 8 日援军仍未至，且援军将领没有一个人受到军法惩处。预 10 师第 28 团团长曾京对此的评价是“决而不行，督促不力，赏罚不明”，并用“军令不严肃”论之！

根据日军战报，截至 8 月上旬，在衡阳外围，造成 66468 名中国士兵阵亡，被俘 27447 名，连同伤病中国军队损失了 226400 人，实际上参战的 45 个中国师，都丧失了继续作战的能力。

就在这一天，日军第 68 师团的旅团长志摩源吉少将率部进攻岳屏山，在攻击中，教士兵怎么把投来的手榴弹反掷回去的时候，被守军狙击手从容击毙。这是第 10 军在衡阳战中毙杀的日军最高军阶的指挥官。

傍晚，日军同时对五桂岭北半部、岳屏山、五显庙、天马山阵地发起全面总攻。守军官兵在弹药告罄的情况下,唯有以血肉之躯拼死守护阵地;后面的战士踩着前人倒下的尸体,与同样是踏着自己人尸体而来的日军进行肉搏。守军只能坚守一部分阵地,而无法尽歼入侵之敌。入夜以后,日军轻、重炮又连续不断轰击,日机亦出动狂炸,有如斯大林格勒大血战轰炸之策略,不分何方士兵,同阵地一起炸毁。

7日傍晚6点,方先觉召开最后一次军部会议,这一次,周庆祥、葛先才、容有略、饶少伟皆至。由于攻入城内的日军已向中央银行逼近,方先觉指定自己一旦遭遇不测后代理军长的顺序:周庆祥、孙鸣玉、葛先才……在会上,方先觉进行最后一次调整:葛先才仍在城西南指挥,周庆祥由城西转至城南指挥,城西的指挥交给饶少伟。

就是在这个会议之后,副官处处长张广宽代表方先觉出城跟日军接洽。张广宽带来的有条件停止抵抗主要包括:第10军绝非投降;日军立即停火;日军不得杀戮士兵;给予伤员以治疗;安葬第10军战死者;第10军官兵绝不离开衡阳,保留第10军番号建制。

经过思考,为了给70%是伤兵的这一万名做出了无畏战斗的士兵一个生的机会。第10军军长方先觉放弃自杀的念头。

日军后来只承认答应了方先觉提出的两个条件:第一,停战后不得侮辱和伤害放下武器的士兵;第二,为中国伤兵治伤,扣押所有的中国将军,来换取残余士兵的放生。当夜,第68师团的师团长堤三树南会见了方先觉将军。竹内参谋向方将军表示:“中国军队勇敢作战的情形,不仅日军敬佩,就连日本天皇和大本营都已有所闻。”

8月8日上午11点,衡阳战役结束。经过47天惨烈的战斗,第10军17600人,阵亡6000人,负伤生病7000多人。损失率达85%,剩下的不到3000人也早已身心疲惫,面黄肌瘦。在世界上达到这样的损失率,基本上任何一支部队都已经失去战斗力了。后据统计,日军阵亡人数在15000人以上,衡阳战事结束,10万新兵补充进11军,足见日军衡阳之战的巨大伤亡。

战役结束后,所有的国军将军都在军统的帮助下逃跑,日军也基本上遵守了诺言,释放了绝大部分第10军的士兵。只拉了300人编了一个小运输队,没两天,这些人也都逃跑了。很多士兵认为,停火实际上就是个幌子,突围没有那实力,用停火换生命。第10军的军官大部分各自回家,士兵就留在了衡阳,做小生意,卖劳力,只有少数老10军的人又回到了部队。

第10军以孤军对抗日军四个师团的围攻,坚持达47天之久,军委会战前的命令只须守住衡阳10天至15天。某种意义上来讲,方先觉已完成了自己的任务。衡阳的陷落,非战之罪。

衡阳防守期间,第10军未得到一兵一卒的增援和粮弹补充。纵观抗战史,从淞沪会战开始,中国军队与日军的大规模会战,都是我众敌寡,无论胜负,中国军队的伤亡都大于日军。如南京保卫战,中国守军16万,日军两个师团5万多,只打了一周,就弃守了。最能打的74军57师守卫常德,16天。第10军在日军兵力、火力占绝对优势的情况下,却杀伤了超过自军总兵力的日军,坚守孤城达47天。这不能不说是个奇迹。

方先觉回重庆后,第一时间受到蒋介石的接见和勉励。蒋介石当天在日记中的记录是:“与之相见非仅悲喜交集,且有隔世重逢之感。”方先觉归来后,很多媒体前来采访。毕竟有被俘的事实与阴影,所以,方先觉在接受媒体采访时,表现得非常低调。政治部长张治中为方先觉举办了晚宴和欢迎会。后来有一次在国民党的大会上,有人当着蒋介石的面提出了方先觉投降的事,蒋介石当场翻脸,予以痛斥。

方先觉为了纪念在衡阳牺牲的将士,在陕西汉中修建一座“拜兵台”,以缅怀过去的战友兄弟

随后,蒋介石任命方先觉为一个集团军的副总司令官兼重建的第10军军长,后又令其出任青年军的师长(军一级),但再也没叫他上前线,也

没有再重用。方先觉1949年到台湾，1968年退役。当时仍有些人对其在衡阳缴械的行为加以抨击。多年前，方先觉还有一些解释；后来，就选择了沉默。

1983年，方先觉在沉默中去世。一年后，衡阳之役40周年，日本第11军老兵前往台湾祭拜方先觉；两年后，方先觉去世三周年，第11军老兵再次拜祭。

1944年8月12日的《解放日报》刊登了毛泽东撰写的一篇社论，其中有这样一句话："守衡阳的战士们是英勇的。"

跟方先觉有矛盾的薛岳多少年后谈到衡阳之役时唏嘘道："第10军固守衡阳，其中可歌可泣之事实，悲惨壮烈之牺牲，令人不敢回忆。"

多年后，133联队已晋升少将的黑濑平一编撰战史，他认为，方先觉是骁勇善战之虎将："不能说衡阳守备军是打败了。他们45天来善战耐斗，以重庆军从未有过的顽强和坚忍不拔的抵抗，打出一场表现了民族意志的勇战。"

第10军将士遗骨

1945年的衡阳市区

抗战胜利后，蒋介石派葛先才重返衡阳收葬第10军将士们的遗骨，得3000多具。跟尸骨一起被挖出的，还有阵前委任状、照片、家书和情书……手捧那些阵前委任状，葛先才号啕大哭。

衡阳保卫战纪念碑

日军第11军老兵祭奠方先觉将军

谍战

三军之事
莫亲于间
赏莫厚于间
事莫密于间

消灭日本海军陆战队是谁泄露了最高机密？

1937 年 7 月，中国全面抗战开始。

8 月，蒋介石在南京召开了最高国防会议。为了防止日军占领华北后，直插山西、陕西、四川，然后从长江上游包抄国民政府的大后方，会议决定国军以快制快，消灭日本在上海的海军陆战队。同时，封锁江阴要塞，击毁日军在长江沿岸的 70 多艘舰艇。可会议刚一结束，命令还未下发到军队，日军长江沿岸的舰艇竟全部起锚，冲过江阴要塞，逃向公海。

南京总统府会议室

如此重大的军事行动还未实施就流产了。这突然的变故，自然让蒋介石惊得目瞪口呆。

很明显，中国高层内部出现了内奸。时间仅过了十天，冯玉祥将军两次遇袭，白崇禧将军差点被敌机炸死；8 月 22 日，第一夫人宋美龄在外籍顾问端纳的陪同下，由南京乘车去上海前线慰劳抗战官兵，行至苏州郊外，突遭日本飞机扫射和炮击。汽车冲进了一条水沟中。宋美龄摔断了几根肋骨，端纳也受了重伤，被送往苏州医院。

宋美龄出事的第二天，蒋介石也要赶赴上海前线，临出发前怕出现意外，临时换了辆车，结果他原计划乘坐的汽车遇袭，翻倒在路边的稻田里。

果然是出现了内奸。蒋介石决心要查清这个案子，他命令“南京警备区外事组”及在南京的所有特工部门必须破案。

于是，所有的特工人员紧急行动起来，投入到破案工作中去。但是，后来抢到首功的却是国民党宪兵司令兼南京警备司令谷正伦的特警二队。特警二队的负责人叫丁克勤，是一名经验丰富的老牌特工。他首先找来了当时参加国防军事机密会议的人员名单，名单中除了蒋、汪、白、何，以及国防委员和担任会议记录的机要秘书黄浚外，任何人都不知情。

黄 浚

黄浚生于1891年，字秋岳，福建福州人。黄浚早年在日本留学，回国后被当时的财政部长梁启超聘为秘书。后来他又担任国民政府行政院的机要秘书，其地位仅次于秘书长，深得汪精卫的信任和欣赏。他的诗、词、书法文章俱佳，可谓才名满天下，比如梅兰芳先生的拿手戏《天女散花》，就是由黄浚创作的。

丁克勤决定展开对黄浚的跟踪调查。

经过一系列的跟踪，特工人员发现，黄浚爱吃纸包“巧克力糖”，还从不将包糖的纸随便扔在地上。但他在下班后经常独自一人到玄武湖散步，然后把一包“糖纸”放进玄武湖边一棵有较大的空洞的树内。特工人员决定在树边蹲守，结果发现不久，就有两个化了装的日本浪人来到树前，把糖纸取走。

老狐狸终于露出了“尾巴”。

特工人员顺藤摸瓜，查清了黄浚的上线，日本情报部门南京的负责人须磨。对此，特工人员伪造了一封须磨给黄浚的信，大意是嘉奖黄浚，指示黄浚在次日晚11时，约齐所有“有功人员”在黄公馆聚会，须磨将亲自到场向有功人员发巨额奖金。

第二天晚上11时，黄浚按“须磨”的指示将其全部成员集合在自己的公馆内，等候嘉奖。就这样，黄浚集团成员18人全部被捕。这些人当中，还有他在国民政府外交部工作的长子黄晟。

审讯中，黄浚对犯罪事实供认不讳。蒋介石亲笔签署，最高军事法庭宣布了对黄浚“日谍集团”的判决：黄浚父子等汉奸以卖国罪被处极刑。

1937年8月28日，黄浚父子与其他被抓获的汉奸间谍共18人被执行枪决。

日本人向中国军队发起的情报战

知己知彼，百战不殆。

这是《孙子兵法·谋攻篇》中的一句名言警句，告诫所有从事军事行动的指挥官，领兵作战一定要了解自己，也熟悉对手。这样，才能做到心中有数。

16 世纪，日本从丰臣秀吉时代起，就高度重视情报工作。丰臣秀吉是日本情报业的鼻祖，依靠刺探情报，完成了日本的统一大业。

“知己知彼”这话尽管是中国人提出来的，但自明朝以来，中国自我封闭，片帆不得入海，不准外国人到中国来，中国人对外界的认知也特别少。

日本自明治维新时期，就派出了大量的间谍化装成外交人员、商人、学者、医生、旅行者等来到中国。对中国的宫廷、官府、城市、乡村进行渗透。除了了解中国的政治、经济、地理风俗等情报，就连中国河流潮汐的信息都大量掌握。即便遇到语言障碍等问题，在北方自称南方人，在南方自称北方人，也能蒙混过关。1886 年，有个叫新纳时亮的人，化名邦山顺，扮成卖烧饼的，调查沿海和长江兵要地志长达 5 年，著有《支那沿岸纪要》二卷。

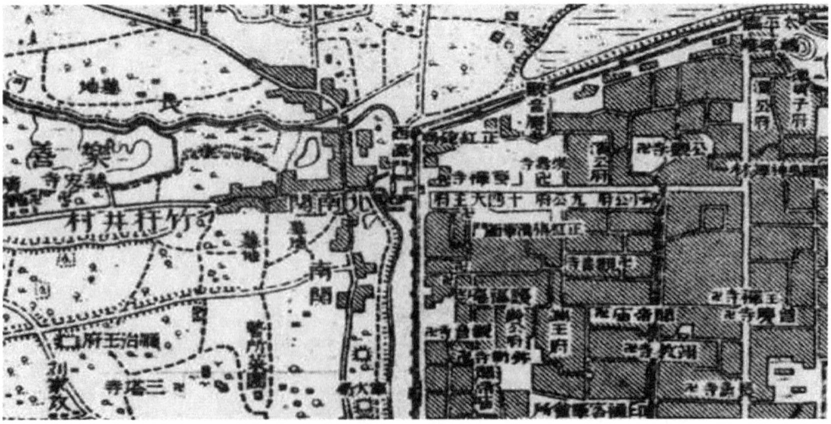

这张 20 世纪早期的地图描绘了中国北京的情况

这是日本绘制的上海地图，细节上更加精确

1900 年，八国联军入侵中国，其他国家的军队都在北京四处劫掠，只有日本人根据情报，在军队严密的组织下，冲进了大清国的户部，抢走了 300 多万两白银。

战后被定为甲级战犯的土肥原贤二 1913 年初来中国，从事的就是间谍活动。作为日本军刺探中国的特务头子，他侦探中共领导人李大钊，刺杀“东北王”张作霖，发动“九一八”、扶持溥仪和汪精卫，坏事做尽，在中国臭名远扬，被人称为“土匪原”。

1913 年至 1925 年，除了西北、西南地区外，中国的大部分地区都遭到日军的盗测。这些测量员在中国一般待半年，如需与总部联系可写信。为了防止寄件过程中泄密，日军还制定了一套暗语。例如，称参谋本部为本店，陆地测量部为代理店，组长为主任，组员为店员，中国士兵为批发商，既成图为订单，地图为账簿，测量地为经商地，销售额代表了已测量的平方里数量……

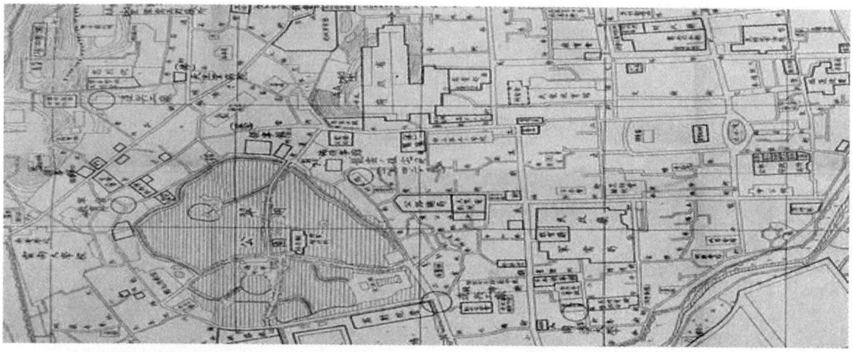

这是中国昆明的地图，其中重要的中国机构和外国机构，分别用红色和蓝色标示。二战期间，昆明是美国主要的空军基地，日军曾数次轰炸这里。

在日本的陆军士官学校，开设的课程里就有一项绘图课，所有的毕业生都要熟练掌握和绘制地图。日本陆军大将冈村宁次回忆，他年轻时来到中国就曾刺探中国的情报。1926 年，冈村给大军阀孙传芳当军事顾问时，就偷了一份地图，得到日本参谋本部的巨额赏金。后来，日军侵华，所用的华中地区 1∶5 万分之一比例的地图，就是冈村从中国偷来的。

日本派出的特务人员对中国的地形图进行了十分精确的绘制，就连池塘、水井、猪圈、祠堂，老百姓家的树木，都绘制得清清楚楚。研究者称，现在的学术界研究 1945 年以前的中国，依然离不开日本的调查资料。

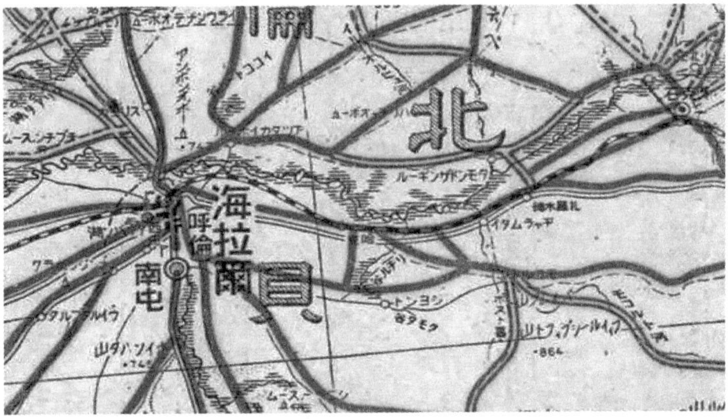

这张地图描绘的是兴安(即今天内蒙古的呼伦贝尔市)周围的公路网

侵华战争期间，日本在中国各地都派出了情报人员，从南到北，从东到西进行渗透，触角甚至到达了雪域高原西藏，大肆收集中国情报，组织破坏活动，其工作之缜密程度和收效，让人惊叹。大家知道的“仁丹胡”广告就是典型。

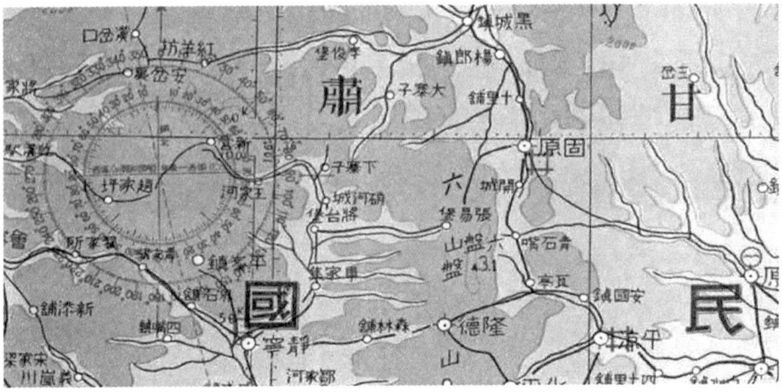

这张日本航空地图展现的是甘肃周围的情况，其中对长城和各地可能的战略价值都有描述

全国抗战初期,日军对中国军队的密码破译率达到了90%,华北日军对国民党特种情报密码的破译率达到了80%。只对共产党八路军的密码破译感觉到头疼。

到了1942年春,日军在突袭八路军总部之战中,一支部队直接化装成了八路军。这支队伍人手一份八路军各负责人的照片、简历和兵力部署图,拿着假印信、假路条,不走大路,不生火做饭,不投村住店,只分散潜伏于麦地、山谷,窃听我军电话,随时向总部报告我军的行踪。在这次行动中,日军全面包围了八路军总部,左权将军殉国,八路军司令部秘书长张左清被俘后遇害,《新华日报》40多名男女记者遇害。

1974年,中越西沙海战,我军使用的还是原来日军的海图。1938年,侵占海南的日军绘制了洋浦地图。到了1988年,日本商人使用这张地图参与了洋浦开发。

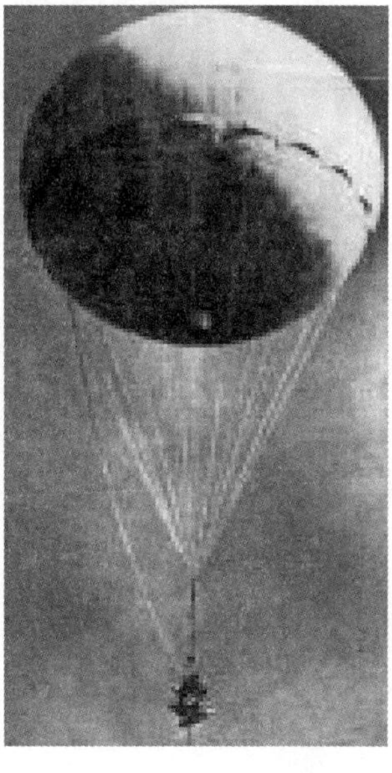

日军作战中使用的气球

战场上,日军不仅对中国军队的部署进行飞机侦察,而且还有气球中队。从1907年(明治四十年)10月开始,陆军里面就常设"气球队"了。气球下方的吊篮里面一般可以坐3~6人,由一名军官、2~3名观测员和气球操纵人员组成,由于气球可以长时间滞留在空中,因此,可以进行长时间的观测。观测员实际上就相当于炮兵观测员,利用炮队镜、望远镜等工具侦测对方动态,然后标示并通过野战电话或无线电发报机通知后方的炮兵阵地,为他们提供目标指示和校射。中国军队往往看到了冲锋的日军,却忽视了这些气球的作用。1939年5月,日军和苏军在中蒙边界诺门坎交战中,日本人也曾放飞气球进行空中侦察,结果是苏军全干掉了日本人的观测气球。

战场上,对对方密码的破译,也是日军情报战的一部分。第二次长沙会战时,包括74军王牌军在内的四个军损失惨重,很大程度就是由于密码被日军破译。当然,中国军队也在刺探日军的情报,在台儿庄战役时,有个叫夏文运的中国人,打入了日军内部,给李宗仁的排兵布阵提供了许多重要情报。

抗战时期
有个陕西人发现了仁丹胡的秘密

抗战时期，民国政府曾给两位“抗战殉国”的将领追封陆军二级上将，授青天白日勋章。一位是1940年在随枣战役中壮烈殉国的张自忠，另一位是1943年兵败被俘后被误传牺牲的王劲哉。

王劲哉

前一位为国捐躯，令人扼腕叹息；后一位竟没有死，他被日本军所关押。

这个王劲哉，说来不简单。他是陕西渭南人，生于1897年，一直在陕军杨虎城部任职。参加过1936年的“西安事变”，中条山上和日寇展开过血战，参加过台儿庄的外围阻击战和武汉会战。抗战中，蒋介石枪毙山东省主席韩复榘，具体执行人就是人称“王老虎”的王劲哉。

1938年，武汉会战后，王劲哉被授予中将衔，但128师被瓜分，仅剩很少的部队让其自行整编。

老王主意正，队伍不仅没解散，还在鄂中江汉平原建立起抗日根据地，不到一年时间，就发展起了正规军3万人，自行建立了军工厂，他治下的地区实现了自给自足。

王劲哉的防区，对日本人严防死守，不给汉奸和日本人任何机会。有一天，他的侦察队抓到几个正在涂改仁丹广告牌的日本人。

大家都知道，仁丹是清热解毒的中药。抗战之前，日本的仁丹就在中国境内十分有名。因为它的广告贴得铺天盖地，可以说是家喻户晓。

日本仁丹广告图案是一个笑眯眯的留着八字胡的先生，类似今天的肯德基老爷爷。

那一天，王劲哉将军亲自审问这几个日本人。不审不要紧，一审竟审出了个惊天大阴谋。原来这几个日本人竟是间谍，他们张贴的仁丹胡广告有特殊含义：当小胡子两角都朝上翘时，即告诉日军前方没有中国军队；当小胡子向下翘时，即告诉日军前方有中国军队重兵把守。当路口的小胡子左下弯时，左路不通。日本人应朝右拐，当路口的小胡子右下弯时，右路不通，日军向左拐。

仁丹广告图样

真相大白，王劲哉立刻下令，彻底捣毁防区内所有仁丹广告牌，并把此事上报给重庆军统当局，军统的负责人戴笠将此案定为特急，立刻通报全国各战区。避免了更多中国士兵死在日军的枪口之下。

值得一提的是，利用日本仁丹广告进行间谍活动的发明人日本特务头子土肥原贤二，1948 年，被处以绞刑。

毛人凤的老婆是西安人

毛人凤

毛人凤被人称为军统笑面阎罗。

1936年12月12日,“西安事变”爆发,蒋介石被抓那天,毛人凤就在西安。他在街头刺探情报时,被西北军包围。后来有一个叫周养浩的人出面替他解围。这个周养浩也是民国时期的一个大特务,和沈醉齐名。当时,周养浩任职于西安市公安局三科。

为掌握东北军和西北军的军情,戴笠决定在西安培养特工,打进东北军和十七路军内部。接到任务后,毛人凤费尽脑筋,最终锁定了杨虎城将军手下的一位团长胡逸发。经过侦查,特务们发现胡逸发新娶的三姨太向影心八面玲珑。做通她的工作,西北军的内幕就会源源不断地被军统掌握。

向影心

向影心是西安本地人,父亲是远近闻名的医生,家道殷实。

向本人非常漂亮,有魅力,于是,特务们趁胡团长带老婆在武汉出差,利用跳舞的时候,把向影心约了出来。给向本人做工作的,不是别人,正是戴笠。

就这样,向影心被发展成了军统的一名女特务。有关17路军及西安方面的情报,便源源不断地送到了戴老板的案头。

为保密起见,戴笠采用了单线联系的方法,这个唯一的中间人就是毛人凤。几个月下来,向影心经毛人凤的精心点拨,“工作”得相当出色,频频获得嘉奖。她获取的十七路军的情报,在蒋介石那里都挂上了号,晚年一次毛人凤向蒋介石汇报工作,蒋介石还连连问起向影心的情况,对她当年的情报工作十分满意。

全国抗战开始后,戴笠下派指令,向影心领命去刺杀大汉奸殷汝耕,向的行动代号为“裙带花”。殷汝耕本来是蒋介石的驻日代表,后来竟被日本人收买,成了大汉奸。

向影心接到命令后,很快就投入到新的工作中去。没有多久,她就成功地赢得殷汝耕的信任,自由进出殷的内室。自此,伪冀东防共自治政府的核心机密及时地被送到了戴笠手中。

1939 年,戴笠向向影心发出毒杀汉奸殷汝耕的命令。接到命令后,向影心毒杀行为被汉奸殷汝耕识破,刺杀未能成功,向影心辗转逃回了陪都重庆。

1940 年 11 月,毛人凤与向影心的婚礼在重庆杨森公馆举行。之后的数年时间,向影心共为毛人凤生了两个儿子,六个女儿。

1949 年,新中国成立前夕,向影心到了香港。

军统绝密行动
南京大锄奸

抗战时期,全国人民除了正面战场和敌后战场与日寇硬碰硬外,隐秘战场的行动一刻也没有停歇。那个时候,军统的首要任务,就是抗日肃奸。比如,对汪精卫的多次刺杀,对投靠日本的湖南督军张敬尧、汪伪上海特别市首任市长傅宗耀、降日帮会首领张啸林等的成功刺杀,均为军统特务所为。前些年我们看的电影《色·戒》中,那个勇敢的女特工人员郑萍如刺杀的就是汪伪政府特工总部的主任丁默邨。

其实,在1939年的南京,还发生了一起由特工人员策划的绝密行动,这次行动是在日本驻南京的总领事馆内投毒,毒杀日寇和汉奸。

女特工郑萍如

首先,特工人员成功策反了在日本驻汪伪政府公使馆内工作的中国人王高科,并把他发展为军统特工。1934年,公使馆缺一杂役,王高科便将詹长麟介绍进去。詹长麟被成功录用后,在厨房帮做西餐,兼做杂务。日本人发现詹长麟特别朴实勤快,对其非常信任。他们不知道,詹曾经是一名国军战士。

詹长麟在公使馆工作不久,就有我们的特工人员找上门来,发展他收集日本人的情报,监视日本人的行动,为国家为民族效力。詹长麟当时也特别激动,认为有这样报国的机会,没有理由拒绝,就立誓加入,从此成了一名卧底,化名袁露,代号65号。

1939年,军统得知日本外务省次长清水留三郎将于6月9日到访南京。由于清水留三是南京沦陷后到访的日本最高级别外交官,时任南京总

年轻时的詹长麟

领事的堀公一决定于6月10日晚隆重设宴招待，并邀驻宁日军首脑及伪“维新政府”政要作陪，地点就在总领事馆内。

重要外事活动，获邀人员阵容强大，几乎囊括南京日伪所有军政要员。日方有：“华中派遣军”司令山田乙三中将，参谋长吉本贞一少将和多名军方人员。中方有伪“维新政府”行政院长梁鸿志，立法院长温宗尧，内政部长陈群，伪南京市市长高冠武等人。宴会将由总领事堀公一、领事内田等人主持。

于是，一场特别行动也随即展开。

9日下午，毒药由军统特工设法交给詹长麟。药是白色粉末，小小药瓶外有“USA”字样。据判断，应是氰化钾。

10日下午四点钟，詹长麟把药倒在温黄酒的瓶子里，摇匀以后放在了一个过道的柜子底下，不太引人注意。

10日是个星期天。不知道什么原因，当时说好要来的日军多名头目因故未到。而“维新政府”政要们却几乎全部到场。

宴会在晚上七点准时开始，总领事堀公一简短致辞后，大家举杯为“天皇万岁”干杯。随后便觥筹交错，欢声笑语，敬酒频频。

日本人吊唁死者

不久，由詹长麟亲手为各桌倒下的毒酒开始生效。只听席间忽有人惊呼“酒里有毒！”随后，宴席上的人几乎都出现中毒症状，或呕吐不止，或倒地不起，或踉踉跄跄。领事馆书记官宫下及领馆会计船山口吐白沫跌落椅下，“维新政府”的行政院长梁鸿志、立法院长温宗尧等已人事不省，现场服务的仆人杂役个个呆若木鸡，领事馆从事服务的官员急忙报警呼救。

不久，大批日伪军警迅速到场，救护车辆呼啸着把中毒人员送到了南京同仁会医院紧急施救。

当夜，宫下和船山不治身亡，部分汉奸首脑直到第二天仍昏迷不醒。南京日伪当局惊慌失措，日本朝野也为之震惊。

消息传出，南京民众无不拍手称快，但是，也暗暗为投毒英雄担心。

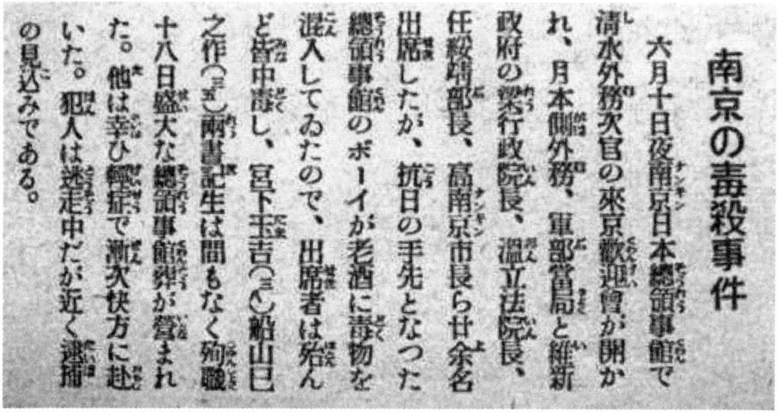
南京の毒殺事件

六月十日夜南京日本總領事館で清水外務次官の來京歡迎會が開かれ、日本側外務、軍部當局と維新政府の梁行政院長、温立法院長、任綏靖部長、高南京市長ら廿余名出席したが、抗日の手先となつた總領事館のボーイが老酒に毒物を混入してゐたので、出席者は殆んど皆中毒し、宮下玉吉（三〇）船山巳之作（三五）兩書記生は間もなく殉職、十八日盛大な總領事館葬が營まれた。他は幸ひ輕症で漸次快方に赴いた。犯人は逃走中だが近く逮捕の見込みである。

当时的日文报道

事发当晚，看上去老实巴交，内里却很精明强干的詹长麟预先向管事者说，自己肚子一直疼痛，等宴会准备完毕想去医院看看。当晚一切准备停当，酒宴如期进行，他赶紧向主管告假，说胃痛难忍，必须去医院。说完，他就推起自行车从后门出去，穿过玄武门，由燕子矶上船后跑到了江北六合县一个叫“徐家洼”的小集镇，此刻已是次日凌晨。

詹长麟晚年

由于王高科是詹的介绍人，他也带家人跑到了“徐家洼”。这里是军统一个秘密据点，王、詹两家家属也被转移至此。

詹、王两家在六合乡下隐藏了近一年时间，詹家 7 口，王家 4 口，共计 11 人，事后第一次大团聚，自是千言万语，感慨不尽。随后，两家人再度被分开安置，竟从此再未见面，直至抗战胜利后在南京重逢。

抗战胜利后，詹长麟获得了 5 万元法币奖金，还有一枚忠勇杀敌的银盾。他向组织提出申请，请求退出军统，被批获准。詹长麟带着全家回到南京，一直过着低调的生活。多少年来，左邻右舍没有人知道他是一位抗日英雄。直到央视采制的《1939 年的夏天》播出以后，他的传奇故事才广为人知。

2008 年 11 月，詹长麟辞世。

美女破译日军重大情报 美国人愣是不信

她是专门从事破译日军情报工作的专家,也是一位美女。她本名叫姜毅英,军统唯一的女将军。

她和戴笠、毛人凤一样都是浙江江山人。注意,江山人在民国时期非常有名,这些人几乎霸占了中央情报系统。尤其是最机密的译电部门,几乎是清一色的江山人。在军统局里,江山籍的特务在一起常说江山话,故意让别人听不懂,明显自成一个派系。于是民国时期有一句顺口溜这样说:江山军统、奉化总统、湖州中统、青田将军,并称浙江"四绝"。

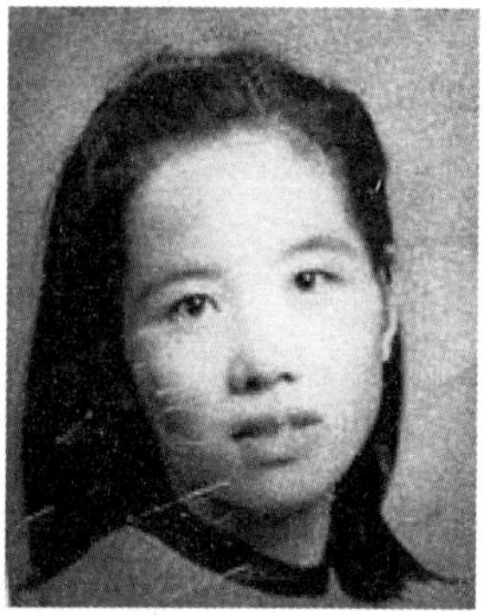

姜毅英

在军统内,戴笠和毛人凤最信任的江山籍特务有14人,被称为"十四亲信",姜毅英就是这"十四亲信"之一。

姜毅英原名姜鹤英,生于1908年,父亲是个木工。她不仅长相漂亮,还是一名学霸。杭州第一高中毕业后,她考入了杭州警察学校。1933年,她被招入军统局担任译电员。因为工作勤奋、业务熟练,很快就升任主任报务员,兼任密码破译工作,加发双份工资。

后来,姜毅英得到了"军统电信第一人"魏大铭的青睐,在破译情报工作方面业务飞速提升。

1941年12月初,姜毅英破译了日本军部无线电密码,侦知日军将于12月7日偷袭珍珠港美国海军太平洋舰队的绝密情报。她立即将这一情报交戴笠亲自处理。戴笠不敢怠慢,立刻将电报转呈蒋介石。蒋介石如获至宝,迅即批示:"速通知美国政府。"

美国人啊、美国人,活该他挨打。帮助中国人让他们感觉自己是救世

姜毅英生活照

主，只有他的施舍，对中国方面送来的情报嗤之以鼻。

就这样，绝密电文静静地等来了日本人的飞机和炸弹。

美军太平洋舰队遭到了灭顶之灾，美国方面这才想起了中国同志的真心实意。

姜毅英

姜毅英随后又送来一份情报：有个叫吉川的日本人，在日军偷袭成功后，将化装成中国驻美外交人员，去日本人开设的一家春湖阁餐厅探听日军轰炸珍珠港的战果。

美国人瞬间对中国的情报人员刮目相看。他们提出了与中国方面互相交流抗战情报的要求。从此，大批美国特务人员及特种装备，源源进入中国。姜毅英功不可没。

当然，也有另一种说法，说译出日军奇袭珍珠港的人是中统的池步洲，姑且存疑。不管怎么说，都是中国人的功劳。

因为立下奇功，姜毅英由中校破格提升为少将，成为了军统唯一的女少将。

1949 年，姜毅英由上海前往台湾，一直在保密局工作。1956 年，毛人凤去世后，她去台北雨农小学当了校长。从此专注教育，长达 23 年。

2006 年初，姜毅英在台北家中去世，享年 98 岁。

日军山本五十六大将
命丧蒋介石的秘密王牌

池步洲与白滨英子

上图中这位英俊的小伙子叫池步洲，他身旁这位漂亮的女子叫白滨英子，是一位日本姑娘。这位日本姑娘不嫌池步洲家里穷，她义无反顾地嫁给了这位中国福建的小伙子，并随他来到了中国。

池步洲

池步洲1908年出生于福建省闽清县三溪乡溪源村，有七个哥哥和姐姐。小时候家里穷，池步洲一直在和山村里的孩子们疯玩，直到十岁的时候，才由五哥、五嫂资助上了学。结果池步洲惊为天人，仅用了三年时间就念完了小学，考入福州一所中学。由于学习优秀，他的五嫂卖了嫁妆送他去日本读书。池步洲先是在东京大学学习，之后又进入了日本闻名的早稻田大学。也就在早稻田，他遇到了自己心爱的姑娘白滨英子。

七七事变爆发后，中国进入全面抗战。池步洲毅然回国，白滨英子亦跟随丈夫来到中国。

池步洲回国后,径直前往南京,投奔国民政府。在南京,他遇到了早先回国的老同学陈固亭。陈当时是陕西省政府社会处处长。他对池步洲说,政府急于要找留日同学研译日本密电码,建议其投身其中。蒋介石说,谁能译出日本密电码,等于前方增加几十万大军。

那一年,池步洲 29 岁,满腔的爱国热情,听说"译日本密电能给国家增加几十万大军",就激动地答应了。

池步洲有着惊人的数学天赋,从没有学过密码专业的他,对密码有一种无师自通的敏感。他发现人类使用数字,不论买东西,还是借钱,总喜欢凑个整数,九角凑一块,九块半凑十块,喜欢用数字一,少用数字九。

根据这一发现,池步洲有了一个大胆的猜想:他将日本电码数字代码使用频率最高的 MY 定为"1",把频率最低的 GI 定为"9"。另外,日军密电中的数字,很可能是军队中的部队番号、兵员数目等。于是,他到部队进行核对,由此他找到了越来越多的突破口。

除此之外,他还结合密码中的许多隐语,如"西风紧"表示与美国关系紧张,"北方晴"表示与苏联关系缓和,"东南有雨"表示中国战场吃紧……顺藤摸瓜,他最终破译出一份份日本军部大本营发出的密电。

1941 年 12 月 3 日,池步洲通过破译截获的一份由日本外务省致驻美大使野村的特级密电:

1. 立即烧毁一切机密文件;

2. 尽可能通知有关存款人将存款转移到中立国家银行;

3. 帝国政府决定采取断然行动。

根据当时情况,池步洲作了两点估计:一、开战时间在星期天;二、地点在檀香山珍珠港海军基地。当这个消息呈递给蒋介石以后,蒋十分震惊,立刻向美国方面通报。但由于美国国内孤立主义情绪的高涨,罗斯福并未重视中国传来的情报。4 天后,震惊世界的珍珠港事件发生。

珍珠港事件发生后,美国人越来越重视中国的情报。中方提供给美方的所有情报中,最重要的,恐怕要算拦截并斩首山本五十六大将了。

偷袭珍珠港成功后,日本开始向东南亚进军,攻占英、法在东南亚的属地,控制了马六甲海峡。1943 年 4 月 18 日,山本五十六及其随从分乘两架专机,由 6 架战斗机护航,出巡太平洋战争前线,鼓舞日军士气。

当时,池步洲得到两份关于山本五十六出巡日程的电报。一份用日本海军密电拍发,通知到达地点的下属;一份用 LA 码(池步洲破译的密电码,通常以 LA 开头,习惯上称之为 LA 码)拍发,通知日本本土。池步洲破译的,是后一份密电。

池步洲迅速将破译到的情报,向蒋介石汇报,蒋立即向美军通报。接到重要情报后,美国总统罗斯福这次不敢怠慢,命令海军部长弗兰克·诺克斯"干掉山本"。命令由尼米兹海军上将执行。4 月 17 日,美军批准了拦截并击落山本座机的刺杀任务。

一个 P－38 闪电式战斗机中队受命执行拦截任务。18 位从三支不同部队精选出来的飞行员被告知,他们即将拦截一名"重要的高级军官",但并未得知具体姓名。

1943 年 4 月 18 日早晨,山本大将搭乘两架三菱一式陆攻快速运输机从拉包尔按时起飞,计划飞行 315 分钟。不久,18 架加挂副油箱的 P－38 式战斗机从瓜岛机场起飞。经过 430 英里无线电静默的超低空飞行,有 16 架到达目标空域。东京时间 9 点 43 分,双方编队遭遇,6 架护航的零式战斗机立刻与美机缠斗。列克斯·巴伯中尉攻击了两架一式陆攻中的第一架。事后证明,是舷号 T1－323 的山本座机。他不断射击该机,30 秒之内把它打成了筛子,日本海军部最高统帅山本五十六大将归西。

山本五十六

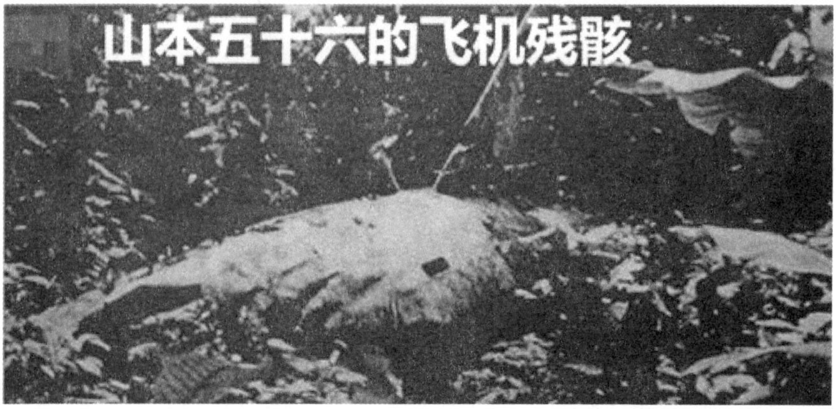

第二天,日本搜索队在原始森林里找到坠机残骸,山本五十六手握“月山”军刀,横倒在飞机残骸旁边。

美军闪电战机功不可没,但情报工作至为重要,斩首日军首领,真正实现了前方增加几十万军队,池步洲成了蒋介石手中的一张王牌。

除此之外,池步洲还有多起杰作。

1942 年 10 月,池步洲破译了一份截获的日本密电,得知日本空军将从缅甸基地起飞,轰炸印度加尔各答,中方当即通知英国驻印度空军总部,英国空军在中途截击,予以全歼。

1985 年池步洲在日本大阪

孙科要从重庆到外地公干,消息被日方侦得,密令日机中途拦击。密电被池步洲破译,立即通知孙科。已到达机场的孙科,悄然返回。后来,此机果然在中途被日机击落,机上人员全部牺牲。

汉奸陈公博、岑德广、陈君慧、何炳贤、周陆庠等秘藏于乡下,1945 年 8 月 24 日,日本驻沪总领事馆用 LA 码向日本本土发了一封密电,要把这些汉奸从上海用军机送往日本,这份密电也被池步洲破译。蒋介石据此通知东京盟军总部,命令日本投降政府照这份名单,将以上人等引渡回国法办。

抗日战争结束后,池步洲不愿意参加内战,一度带着妻儿回到家乡福建省闽清县。

1983 年,他陪伴妻子回到日本,过着平淡恬静的生活。

2003 年 2 月 4 日,池步洲在日本神户逝世,享年 96 岁。逝世后,他的骨灰被带回中国。

2003 年,抗日战争胜利 58 周年之际,福建省闽清县在台山公园为池步洲立碑,以此纪念这位抗日功臣、破译密电专家。

揭秘

一切诸果
皆从因起
一切诸报
皆人业起

历史的吊诡
抗战中中国士兵竟搀扶着谷寿夫

1937 年 8 月　上海淞沪会战

这出自一位日军官佐的记载，事实应该没有多少出入。

中国守军的机枪阵地

1937 年 8 月 31 日，日军向上海发起全面进攻，中国军民奋起抗击，淞沪会战开始。这次会战是抗战开始以来时间最长、规模最大的一次战略性战役。日军投入总兵力约 30 万人。蒋介石从全国各地抽调 70 万军队参战,所以操着各地方言的部队成了淞沪会战中的一大特色。东北军、桂军、粤军、川军等各地的国军也都争相表现,痛击日寇,为家乡父老争光。

到了11月,日军第10军突然在杭州湾登陆,中国军队瞬间面临腹背受敌的不利局面。在坚持了三天的顽强抵抗后,战况恶化,中国统帅部要求参战部队全体后撤。

由于缺乏统一指挥,后撤的中国军队陷入了混乱,跟向前追击的日军互相交错,形成了三明治的格局,一层夹一层。于是,令人扼腕的一幕竟这样发生了。

运动中的日军部队

那是1937年的11月9日。日军第六师团正在离上海郊区松江不远的地方向中国军队进行追击。第六师团的师团长就是臭名昭著的谷寿夫。

谷寿夫是日本岗山县人。1882年出生,淞沪会战的时候,他已经55岁了。谷寿夫1935年12月2日任第6师团的师团长,第6师团又名熊本师团,是日军在二战爆发前17个常备师团之一,代号“明”。这个师团是日本陆军中最强悍的部队,自杭州湾登陆后,可以说,是给中国军队造成了致命性的打击。当时中国军队派出了第67军进行防守,结果67军军长吴克仁将军率部坚持三天,大量士兵死亡,就连吴克仁将军也牺牲了。吴克仁中将是淞沪会战中中国军队战死的最高军阶的将领。

谷寿夫

当时,谷寿夫的第6师团来到一个叫佘山镇的地方,护卫师团司令部的日军只有五六百人。入夜后,有支上千人的中国军队从上海退下来,欲从佘山镇穿过。护卫司令部的日军与中国军队发生了激战，凌晨三四点的时候，日军且战且退，向镇子里的一个高地上撤退。谷寿夫想抢占有利地形，一是保护自己，二是便于攻击。于是司令部的一群人开始往高地上爬，谷寿夫 55 岁了，老胳膊老腿，激战多日疲惫不堪，自己已经爬不上去了，需要后面的人往上推他。可他身边的卫兵还没来得及伸手，旁边另一位士兵却赶忙搭了把手。扶住了这位日后南京城的屠夫，一手扶着他的腰，一手托着他的屁股，总算把他搀上了高地。

等到天麻麻亮，谷寿夫的卫兵惊奇地发现，刚才挺举他们师团长的士兵竟是带着枪的中国士兵。这个中国士兵趁乱跟着一群日本人瞎跑，他竟把一群说日文的鬼子当成了广东人，以至误入了日军阵地。

后世读这样的故事，总是让人感觉历史的吊诡，充满遐想。

1947 年谷寿夫在南京伏法

日军拼刺刀退子弹的真相

在有关抗战的描述中，每遇短兵相接，日本鬼子拼刺刀前，总要退掉枪中的子弹。这个退子弹的情节，让人感觉日本鬼子讲道义，人就是急了开枪打也不为过，毕竟是你死我活的战场。

日军士兵格斗演练

退子弹之说由来已久，甚至一些影视剧里也加进了这样的镜头。查阅日军战史，1941 年 9 月 24 日凌晨 1 点 20 分，日军第 6 师团在湖南长沙附近金井河东侧包围了一座村庄的近千名中国士兵。当时日军指挥官命令全体士兵退出子弹，严禁射击，向千名中国士兵发起了白刃攻击。这是日军在有组织、有计划的行动中，命令士兵退子弹的记载。

但是，在瞬息万变的战斗中，现场退子弹不现实。据与日军拼过刺刀的老战士回忆，没有发现日军士兵退子弹，二战时的日军士兵也称没有这样的硬性要求。

那么，人们为什么要传播日军拼刺刀前要先退子弹呢？

其实，那是由于步枪射程的原因，日军要求在密集情况下拼刺刀时不准开枪，以防伤及己方，并没有要求必须退子弹。

抗战时期，日军制式轻武器最典型的就是三八式步枪，也就是我们常说的三八大盖。

日本三八式步枪是一种旋转后拉非自动弹仓式步枪。后坐力是步枪中最小的，杀伤力也一样。对从来没有“玩”过步枪的人来说，三八式步枪非常容易上手，是新手们的最爱。它的弹丸初速高、瞄准基线长、枪身长。这个特点使三八式步枪射程远，打得准，也适合白刃战，不但日军喜欢用，中国军队缴获后也喜欢用，中国在战前还从日本进口过一批。

抗战老兵在演示刺杀

当时，中国士兵大多使用的是汉阳造，只有一小部分使用中正式步枪。汉阳造是清朝末年湖广总督张之洞在湖北汉阳按德国的1888式步枪图纸制造的，产量极大。几乎支撑了整个中国的军阀混战和抗战时期。毛泽东主席曾经就领过一把汉阳造，当时枪身上的编号恰巧为8341，中正式步枪是依据德国1924年毛瑟枪图纸，综合性能在同类枪中处于世界一流水平。

日本士兵“标配”

中正式步枪于1935年在河南巩县兵工厂投产。当时是民国二十四年，所以这把枪又叫24式。蒋介石对这种步枪装备部队格外关注，光去河南的兵工厂就去了两次。他还提出了缩小枪身的要求，毕竟中国人的身高不比欧洲人。样品枪出来后，有人向蒋介石提出，中正式只有1.11米，日本三八大盖1.275米。两军拼刺刀时，中国士兵不占优势。蒋介石觉得有理，于是又把中正枪的刺刀加长到55.75厘米，超过了三八式。南京大屠杀时，日军用中国军人作了残酷的实验，结果中正式步枪的穿透力比三八式要强。

中正式步枪

中正式步枪不仅优于三八式，它的子弹在人体内翻滚比三八式还要大，杀伤力强。只是它数量有限，并没有大量装备部队。反观三八大盖，尽管没有中正式步枪杀伤力大，但这在战争中瞄准性好，对中国军队构成了很大的威胁。但客观上说，三八大盖弹丸初速高、质量好，因此命中之后往往易于贯通，创口光滑，一打两个眼，对周围组织破坏不大。

典型的例子就是1937年山西忻口战役时，21师师长李仙洲胸口中弹。当时一颗三八式弹丸从右前胸打入并穿出。后来，医生在检查他的伤势之后判断，他当时正要向外呼气，肺部处于收缩状态，所幸38式子弹从肺叶间穿过，如果他在吸气，或是中正式弹丸，李将军必死无疑。

现在再细述白刃战。白刃战中，双方人员互相重叠，如果使用三八式步枪，贯通后经常杀伤自己人。而且，由于贯通后弹丸速度降低，二次击中后弹丸受力不均匀，会形成翻滚、变形，造成的创伤更为严重，而仅受贯通伤的对手未必当场失去战斗力，仍然能够反击。比较一下，日军自己感觉划不来，再说，抗战时日军人数与中国士兵人数比存在劣势，达到1∶4甚至1∶6。肉搏战中使用三八大盖开枪射击，容易误伤，造成己方减员。

中国士兵的作战武器

日军要求在密集情况下拼刺刀时不准开枪，中国军队尽管没有这方面的规定，但是，在实际操作层面也发现了这个问题。中国军队肉搏战中多使用大刀。长城抗战，29 军还专门就大刀对刺刀向士兵进行了专门训练，出刀的时候，刀身下垂刀口朝自己，一刀撩起来，刀背磕开步枪，同时，刀锋向前画弧，正好砍向对方脑袋。

抬手一枪不仅中国人爱用，美军也常用。他们在实战中证明手枪在白刃战中作用最好。它的长度短，可以轻易转向任何一方射击，射击姿势也可以五花八门，装药少，即便近距离击中第一个对手后，也不易贯穿击伤后面的自己人，而威力范围远超过刺刀。

冷兵器时代，白刃格斗双方的伤亡会非常接近，杀敌一千，自损八百，说的就是白刃战。所以，火力强的一方都不愿意拼刺刀。美国人不愿意和日本人拼，日本人也不愿意和中国人拼。

李宗仁口述下的“细节决定成败”

湖北老河口市第五战区指挥部旧址

抗战中，李宗仁将军作为第五战区司令长官，记载了这样一件事，真是骇人听闻。

1942 年，有个黄埔军校四期生叫何中明的，任第五战区第 10 补充兵训练处第 2 团团长。这个团当时驻扎在离老河口 30 里远的仙人渡。何中明干了一件啥事呢？这家伙竟然把 30 多个不能战斗的病兵脱光衣服给活埋了。

何中明的同事不能接受这件残酷的事实，向当时的长官部进行了汇报。

李宗仁接报后大为震惊，派军法官下去调查。挖开现场一看，其状甚惨。当时就把何中明给抓起来了，军法处审讯后，何中明也全部招认，情

现在的仙人渡

况属实，何中明被国民党军法判处死刑。按理说，宣判后就可以立即执行枪决了。不承想这件事让当时的中央当局知道后，电令把何中明押赴当时的陪都重庆军法总监部进行处置。

但让人无法接受的是，何中明被押到重庆不久，就被释放。李宗仁先生很生气，他说，军法总监部内高级人员多系黄埔毕业生，狼狈为奸，尽管何中明罪无可逭，也可逍遥法外。

我查了黄埔4期生的名单，当时全国还没有分校，只有总校。全部名单中没有叫何中明的，不知道是先生记错了，还是这个人改过名字。实在不好考证。不过，这件事也从侧面证明，作为天子门生，黄埔生的确有比一般军阀不一样的待遇。这也让出身草莽的李先生耿耿于怀。

李宗仁介绍，蒋介石最喜欢人家恭维黄埔毕业生是如何如何地好，杂牌部队是如何如何地不好。而他的左右又都是善于阿谀的人，于是蒋介石听到的都是对非中央系部队的不实报告和成见。消灭“杂牌”部队之心也愈切。为此，李先生还举了好多例子，说上面硬是把全国军队分成“中央系”和所谓“杂牌”。在武器、弹药、被服、粮饷各方面，中央军得到无限制的补充，杂牌军则被克扣。大敌当前之时，并肩作战的友军，有的食丰履厚，武器精良，气焰凌人，有的却面有饥色，器械窳劣。要他们同样出死力，而无怨尤，又岂可得呢？

抗战 14 年难遇的戏剧性一幕

这是日本战史中记载的一段抗战史实。

那是 1940 年 5 月 16 日，日军第 39 师团杀害了国军第 33 集团军总司令张自忠将军。紧接着，他们计划偷渡汉水支流白河。

白河，源于河南洛阳的白云山，流经南阳，自襄阳汇入汉水。

39 师团来自广岛，1939 年 10 月 1 日成军，是日军仅有的超过 2 万人的师团。

行军中的日本侵略军

那一天是 1940 年的 5 月 20 日。39 师团的三名日军侦察员乘小舟横渡白河。他们悄悄爬上河对岸的时候，被埋伏在山上的我军战士发现，并向他们进行射击。两名日军迅速卧倒，只有一名日军临危不惧，掏出望远镜观察地形。

后来枪声密集起来，三人迅速逃离了现场。返回师团汇报工作的时候，两名趴着的日军认为他们登上的地方就是河对岸。当时站立的鬼子认为他们登上的地方不是对岸，而是河中的一片沙洲。三人随后发生了激烈的争吵。结果，少数服从多数，以卧倒的两名鬼子的意见为准。

接到“准确情报”之后，联队长神崎哲次郎带着360多人的先遣队在当夜开始偷渡白河。当时，日军的联队大约有3800人，相当于抗战时我军的一个旅。联队长的军衔一般是大佐，相当于上校，当时，国军上校的职务也就是旅长。

21日零时，黑夜沉沉，白水滔滔，神崎大佐带着360多人的先遣队在夜幕的掩护下划船抵达了河对岸。然后他们弃船上岸。等到全部登上陆地之后，他们向后方发射了蓝色的信号弹。

可是，就在他们发射完信号弹转身向山地集结的时候，却发现不对劲，因为前面还有水。一名冲在前面的鬼子怪叫，不好，这不是对岸，是沙洲。

神崎联队长带人冲到跟前一看，瞬间凉了半截，仰天长叹，完了。

确实完了。

因为这片沙洲上，除了几根芦苇，光秃秃没有任何的遮蔽物。沙洲不大，跑都没地方跑。

此时此刻，河对岸阵地上的国军还纳闷，为什么日本鬼子冲上沙洲，还发射信号弹，是在演习吗？但是，已经容不得多想了，他们把所有的子弹和炮弹都倾泻在了这片不大的沙洲上。

不一会儿，登上沙洲的360名日本鬼子就踏上了黄泉路。那名联队长神崎哲次郎身中12弹，倒在了尸体堆里，连光荣的剖腹自杀都没能进行。

第39师团的师团长为村上启作，曾在日本陆军大学任过教官。听说神崎等人全部阵亡的消息，惊得半晌没说出话来。曾追随土肥原贤二、坂垣征四郎的中国通专田盛寿，当时出任第39师团的参谋长。也站在旁边不停地擦冷汗，到底是新上阵不久的“菜鸟”，360名“皇军”呐，死得太荒诞了！

巧的是，这三个侦察兵还没随队出征，随后都被送上了军事法庭。虽然一个判断对了，但由于没能坚持己见，也跟另外两个一起被押回日本，坐进了大牢。

这正应了那句名言：“不怕神一样的对手，就怕猪一样的队友。”不过反过来说，也算是给张自忠将军陪葬吧！将军之死，有人赔不是。

德国将军 服务中国抗战

抗战时期,国民政府曾聘请德国、意大利、苏联、美国等国的军事顾问来华指导中国抗战,他们为中国的抗战做出了巨大贡献。

由于国籍不同,这些专家们的表现也是五花八门,各有各的特色。

比如说,苏联顾问,他们太专门化,研究火炮的就只懂火炮,研究机枪的就只懂机枪,别的就不知道了;法国人太倨傲、太浮躁,他们把中国要做的事告诉中国人,如果中国人不照他的指示办,他只是耸耸肩便算完事;英国人则表现得太懒惰;只有德国人才富于比较多的耐心,德国人从不说,这才是你要干的事,而是设身处地地提出自己的计划,老练而忍耐。要知道,那个时候中国的军备,来自世界各国,只能想办法配合着用,别想着全部能换一种样式的。

当然,外国军事顾问在中国也是优胜劣汰。

这当中,最受蒋介石信赖的,是德国的军事顾问法肯豪森将军。

法肯豪森将军

1878 年,法肯豪森生于德国北部鄂尔敦堡城一个皇家贵族家庭。中学毕业后,他考入了军官学校,19 岁毕业时,被分到德国第 91 军团任陆军少尉。

1900 年,他曾作为德军中尉参加八国联军入侵中国。1907 年,他在柏林东方学院学习有关远东地区的知识后,被派往日本出任武官。在担任德国驻日武官期间,法肯豪森对中国和日本的政治、文化,以及军事状况都有了比较深的了解。

1930 年,法肯豪森 58 岁,从德军中退役。5 年后,德国军事顾问塞克特回国。临行前向蒋介石介绍法肯豪森接任,蒋介石当即接受了这一建议。

上任之初,法肯豪森就向蒋介石递交了一份有关时局的建议。他直言不讳地指出:“目前,威胁中国最严重而迫切者当然是日本。”

1936 年 4 月间，中德达成协议，中国每年可用 2 千万马克在德国购买军火。法肯豪森极力向中国介绍最有利益，并适合中国实际情况的物品及公平价格。抗战前两年，中德进入合作高潮期，德式武器装备源源而来。日本人深知中国战斗力日增，就由政府出面屡次劝说德国当局解散驻华顾问团，终止对华武器贸易，均未能成功。

在此期间，法肯豪森还帮助中国制订了应对日军攻击的应对方案。在他看来，中日一旦开战，华北直接受到威胁，若不战而放弃河北，则陇海路及其重大城市，即陷于最前战区，对黄河防线，不难由山东方面，取席卷之势。对海正面有重大意义者，首推长江。凡作战所用部队，宜集中于徐州—郑州—南昌—南京区间。北方则掩护陇海路及沿路有关生存之设备，故最初抵抗区务必向北推进，是以沧县、保定之线宜绝对防御。

法肯豪森认为，以中国当时的军力，不足以和日本人抗衡。中国最后战线就是黄河，宜作有计划之人工泛滥，增厚其防御力。东部有两事至关重要：一为封锁长江，一为警卫首都，两者有密切之连带关系。次之为武汉、南昌，可做支撑点，宜用力固守，以维持通广州之联络。最后的防地是四川。

法肯豪森给蒋介石的建议书提交于 1935 年 8 月。应该说，他对两年后爆发的抗战的大致走向，有相当准确的判断，并起了相当大的指导作用。当时，他还主持了长江江阴要塞的布防，淞沪线、吴福线、澄阴线的构筑，只可惜，日军杭州湾登陆，中国军队撤退太快，让这些防线没能起到作用。

八一三淞沪会战中，第 87、88、36 德械师全部投入战斗。这些德械师重创日军，仅在“庙行大捷”中，日军的精锐就遗尸三四千具。虽然当时希特勒严令禁止德籍顾问参加前线工作，但法肯豪森认为，责无旁贷，也赴上海协助部署防卫。

著名的台儿庄大捷后，各国驻华武官纷纷前往战地参观，法肯豪森向这些驻华武官们表示，中国军队应乘胜追击，日军会卷土重来的。果然不出老头所料，徐州不久陷于敌手。其实，当时作战的军队已疲惫至极，根本无力追击，能调动的部队距离又太远。这是中国的国情。

抗战爆发后，日本因与德国签有盟约，再度要求柏林政府召回中国的德籍顾问，禁止运输军火来华。德国对华态度开始冷淡。尽管如此，德国还是履行合约，将已经定购好的武器陆续输送来华，但希特勒命令以后不允许再接新的订单。

1938 年 5 月 21 日，德国正式通知中国政府，立即解除顾问的合同，全部返国。如果违抗元首命令将视为叛国，本人失去公民权，在德的全部财产充公，家人也要受到牵连。没有办法，中国政府在 7 月 5 日准备了专车一节，由军队护送，将在华的德国专家由汉口送往广州，再取道香港返德。

以法肯豪森为首的德国顾问团成员不愿在中国最需要他们的时候离开中国。这期间，法肯豪森曾一度打算放弃德国公民权，留在中国。但在纳粹德国的压力下，1938 年 7 月 8 日，法肯豪森等顾问在广州挥泪登船，并向中国承诺绝不会向日本方面透露任何有关中国的军事机密。

法肯豪森

法肯豪森是一名职业军人，1939 年春天，已经退役的法肯豪森应召重新穿上军装，成为德军的一名将领，后担任德国驻比利时和法国北部陆军司令。

尽管重返德国军队，但法肯豪森有着深厚的中国情结。在比利时担任总督期间，应一位中国友人的请求，法肯豪森将军在绞刑架下挽救了近百名比利时人。

法肯豪森作为战败国的将领，1951 年 1 月 27 日判处他有期徒刑 12 年。但布鲁塞尔法庭考虑到法肯豪森与纳粹有区别，还曾使一些比利时人免遭杀害，于是在三周后，决定对法肯豪森予以释放。

1966 年 7 月 31 日，法肯豪森在德国黑森州的一个小镇上静静地离开了这个世界。

法肯豪森将军之墓

外国记者观察：
1938 年 6 月之后 日本人不难打了

1938 年夏，英国记者和作家弗雷达·阿特丽来到中国，先后到香港、广州、武汉、长沙、南昌等地考察和采访，并于次年完成了 19 万字的《扬子前线》。

汤恩伯将军

南口战役遗址

7 月，阿特丽采访中国的汤恩伯将军。

汤恩伯说，自打日军进攻中国以来，南口战役是他打得最为艰难的一仗。战役从 8 月 4 日打到 25 日，首先是日机结队而来，往我阵地和防区丢炸弹；接着是炮兵每天将成千上万发炮弹倾泻；然后是敌坦克掩护着敌步兵冲锋。汤将军形容那时的日军士兵一个个像狮子一样，冲锋时压根不管枪林弹雨，闷头冲锋死扛。

南口的万里长城

除了不怕死，日军还以步枪精准射击和拼刺两大技艺，作为武士道精神的集中体现。战斗中,日军射击的杀伤力常常让中国军队无力招架。

在日军《步兵操典》中,就有这样的规定:新兵入伍以后每月用于实弹射击训练的子弹,步枪不得低于150发,机枪不得低于300发,每年用于训练的步兵子弹则为1800发。在这种严格要求和训练条件下,日军射击水平普遍较高,通常每个中队优秀射手占到三分之一左右。

南口战役资料

当时,南口战役中我参战部队6万人对抗日军7万人,在南口车站和龙虎台高地,与日军独立混成第11旅团反复争夺龙虎台高地,阵地几次易手。到了8月11日,中、日两军在黄楼院、居庸关等地的拼杀进入白热化。仅11日当天,中国军队伤亡就高达1.2万人,阵地上尸横遍野,十分残酷。

台儿庄战役中,日军的进攻照样很勇猛,但和淞沪会战、南口战役时相比,稍稍挫了一些。面对数倍中国军队围攻,仍能冲出重围。

到了1938年武汉保卫战打响,首先是抗战老兵们感觉到了,日军不似以前那样难打了,明显没有几个月前那么凶猛了。

台儿庄战役战士们运送弹药

老兵们介绍说,现在的日军要攻击的时候,先要炮队轰击我们好几个钟头,然后三个两个爬到我们阵地前二三十米的地方，把手榴弹扔过来。假使我们示弱，他们就冲来了。假如我们稳定地支撑着，他们总是退下去的。我们跟他们在接近的场子上肉搏的时候，我们比他们强。他们顶喜欢用炮队轰我们，用飞机炸我们，但是，当我们爬到山上的时候，他们就不容易这么做了。

武汉保卫战我方士兵严阵以待

日军战斗力下降，汤恩伯将军分析说，一是日军消耗很厉害，很多国内补充来的兵员什么职业的都有，绝大部分没有从事过军事工作，水平有限；二是中国军队已经适应了现代战争中日本人的打法，已经懂得在现代化战争面前如何站稳脚跟。日军的打法总是不外乎飞机、大炮、步兵进攻外加一个迂回进攻；三是日军已经厌战，无心进攻。反观中国军队，装备比以前好了，再加上山地作战，日军重炮进不来，他们的爬山能力和中国人相比要差，所以，战力明显下降。

战争后期，日本在战争的泥沼中越陷越深，兵源枯竭，不得不扩大服役年限，征召了许多“胡子兵”和“娃娃兵”，老的老，小的小，且训练的时间、质量都不能保证，军事素质就大打折扣。到了 1943 年、1944 年，中美空军联合作战，日本飞机反倒不敢出现了。日本人只要一聚拢，中美飞机马上升空，又是凝固汽油弹，又是机枪扫射，打得日军鬼哭狼嚎。雪峰山一战，败退日军冲出包围圈前，没有办法抬走 500 名重伤员，只好把这些伤员聚在一起“玉碎”，说白了，就是浇上汽油活活烧死。据当地群众说，“玉碎”

现场两年后都臭气熏天。

中国的军队是世界上最好的军队。当时随中国军队进行观察的军事观察员、美国海军卡尔逊上尉说,给予中国士兵以精神的鼓励和足够的粮食之后,那就没有一种困难,他们不能安然渡过。他们的毅力是无法超越的,他们的忍耐是举世无双的。

英国记者阿特丽总结,他们的身躯虽然消瘦,四肢总是孱弱,但是,中国士兵的毅力,实在是一个奇迹。有一件事至少是确定了的:要征服这样的民族几乎完全不可能,不管指挥和统帅是多么恶劣,不管他们敌人的军备优势如何高强。

在扬子前线的日日夜夜,阿特丽看到"中国的新的质素已经逐渐显露""他们的尊严和勇气是人类遇到可怕的惨祸时所表现的最刚毅的尊严和勇气。""今日的中国,正像一只脱毛换皮的动物,旧的皮毛虽然还有不少的残留,可是人们如果再凑近去一瞧,便可瞧见新的皮毛正在那里生长。"

1938 年,日寇在我神州大地耀武扬威,看似节节获胜,但阿特丽眼中所见,却是中国人日益激发的团结、自尊、勇气和牺牲精神,是古老中国新生之际的种种壮丽景象。

1938 年 10 月 25 日
发生在长江上的一幕惨剧

这起惨剧发生在 1938 年 10 月。那时,武汉会战已进入尾声。

抗战时期的长江江面

10 月 24 日,蒋介石决定要撤离武汉,下令让侍从室的人先撤。本来,蒋介石是想让秘书陈布雷和他一起坐飞机走的,可布雷先生表示说,他想和同事们一起坐“建武轮”走水路。

24 日下午,陈布雷和侍从室的工作人员、中国船舶运输总司令部的副司令庄达,以及司令部机关的工作人员乘“建武轮”启程前往重庆。

那个时候,船舶离开武汉 15 公里,就超出了武汉防空的范围,随时会遇到日机。当时,攻击长江航线的日机,不携带炸弹,只配备机关枪。两架为一编队,看到中国船只后,先用机枪扫射,来个下马威。随后一架在空中监视,另一架俯冲到江面,通过高音喇叭,机上日军用生硬的汉语喊话:你的国军? 武器的有? 检查检查!

攻击武汉时,总司令冈村宁次再三向“皇军”下达命令,注意军纪,注意国际形象。所以,在长江航道上,日本飞机看到中国船只,不再是一味攻击。只要是民用船只,日机就放过了,他们也开始注意国际形象。

对于中国船只来说,如果是军用物资,就一般堆放到船舱里,日军询问时,常常会有穿便衣的押送人员来应付。会来事的船工还会向日机鸣笛三

抗战时期的长江江面

声，表示“致敬”。这样，日机就会满意地飞走。

那天很遗憾，陈布雷乘坐的“建武轮”行驶到危险范围内，日机一看船上人少，里边肯定有撤离武汉的“大员”，于是一顿扫射，十多人当场殒命。当时，陈布雷先生就站在锅炉旁边，被叮叮当当作响的子弹逼得狼狈不堪。老书生的皮袍子上也被钻了好几个眼，好在捡了一条命。“建武轮”顺利驶出了危险区域。

当天下午，还有一艘船“江兴轮”是和“建武轮”一起出发的。可3个小时后，白崇禧将军来电，让“江兴轮”返回港口，把设在日租界的高炮部队及6门高射炮和五百箱炮弹一起转运走。等到拉完东西返回时，船上已经装载了大量的军民和物资。当时炮弹可以放到船舱，可高射炮只能堆到甲板上。两架飞机扫射完“建武轮”，又飞到了下游三十公里处的“江兴轮”上空。

当时，“江兴轮”已开行到新堤江面。两架日机发现船上有军人，于是飞行员打着手势，强迫船只返回汉口。船上的高炮部队官兵看到日机如此嚣张，压根没把日军的水上飞机放在眼里。他们瞅准机会猛烈开炮，一架日机当即冒烟受伤，另一架急忙爬高，两架飞机赶紧逃走。

一想到敌机绝不会善罢甘休，船上的工作人员主张将船搁浅，让大家涉水登陆，以减轻伤亡。但高炮部队的官兵听说轮船要搁浅登陆，坚决反对。他们想着我们有6门高射炮和500箱炮弹，可以随时对付日机。小伙子们说干就干，吆喝着架炮。可是，船上人太多了，根本腾不出架炮的位置。仓促忙乱之中，一门炮还没架好，6架日机已飞临当空，一颗颗炸弹燃烧弹从天而降。火光中，一簇簇人体成扇形抛入江中。船尾起火下沉。“江兴轮”一寸寸地沉入了江底……

“建武轮”眼睁睁看着两架日机从头顶飞过后，接着又从头顶飞过了6架日机，感觉凶多吉少，赶紧派了船上的一艘小木船到下游查看。出事地点，已空空荡荡。经当地村民描述，还原了事情经过。据当时“建武轮”上的庄兴副司令秘书陈良屏回忆，沉没的“江兴轮”上有1万多军民，仅84人生还。这幸存下来的人当中，一个叫作李世芳的文职军官回忆：

“船尾，中舱中弹后迅速燃烧，船上秩序大乱，呼号声、救命声、爆炸声混为一体。我住在三楼边舱，先用绷带绑着我的妻子和最小的孩子，让他们跳下去。我左右手各抱着一个孩子，也跟着跳下江去。一个大浪卷来，我的妻子和她抱着的孩子顿时沉没了，我被浪一打，猛喝了几口水，人也沉了下去，两手不觉一松，顿时昏了过去，两个孩子也不知去向。还好，我本人命大，虽然已经昏迷了，由于穿的衣服有浮力，最终还是漂在水上，向下游漂流了60里，才被渔民救起来。我本人到第二天中午才苏醒过来，在当地休养了5天，才能行动。我去武汉寻找妻子和孩子，没想到被告知，‘江兴轮’被证实的获救者只有84人，其中包括我。”

整个江兴轮上近万人几乎全部死伤，其中绝大部分都是无辜的平民。

后来有人质疑，说按当时的情况，即就是大型客轮，上面挤满人，能否装下一万人？让人有些不太相信。但查遍史料，有关“江兴轮”的记载很少，能看到的只有陈良屏和李世芳的回忆。

惨痛的一页，发生在1938年10月的长江新堤江面，那时，天已经开始冷了。

抗战时西安成为韩国光复军圣地

1943 年,中国还在艰难的抗战时期。一部从西安发行的小说连载《北极风情画》风行全国,成为那个时期中国万千少男少女的精神食粮。小说中描写的抗战英雄林先生是一名韩国人,他怎么会莫名其妙地出现在华山顶上呢?

《北极风情画》封面

其实,不仅林先生在西安,还有不少韩国人也在西安。1941 年 11 月,韩国的光复军司令部就设在西安。

"光复军"是抗战时期大韩民国临时政府的军队。1910 年,不平等条约《日韩合并条约》签订。日本吞并了朝鲜。1919 年 3 月 1 日,200 万韩国独立运动者在汉城游行示威,遭到日本军警的残酷镇压。随后,大批韩国爱国人士流亡海外。

抗战时期的韩国光复军

4月29日,是日本天皇裕仁的生日,即所谓的天长节。1932年4月29日,日本上海派遣军司令白川义则决定在上海日本租界虹口公园举行一次庆典,以炫耀武力。

那天,一名叫尹奉吉的朝鲜青年将饭盒形的炸药包扔向了检阅台,一声炸响,正在检阅的上海派遣军司令白川义则等人当场毙命。

上海虹口公园"爆炸案"让蒋介石相当感佩,他会见了这起爆炸事件的策划者、大韩民国临时政府领导人金九。蒋介石提出,在国民党中央军官学校洛阳分校开设韩国人特别班,对朝鲜人进行军事培训。1940年9月17日,主要由朝鲜人组成的韩国光复军在重庆成立。1941年11月,韩国光复军总司令部,迁到了西安的二府街4号,即后来西安市中级人民法院的旧址。

韩国光复军训练中

西北大学老校区的操场,曾是韩国光复军青年训练班的训练场。在这里,中国教官将一群最初连立正、稍息都不会的朝鲜青年,训练成为合格的军人。1945年6月,驻华美军指导光复军在西安城南终南山弥陀古寺附近进行秘密特种训练。韩国光复军在西安6年半时间,从几百人最终发展到5万余人。

另一个训练场,设在长安县的杜曲镇寺坡村。他们在"杜曲镇"关帝庙里做饭,多数军人住在现杜曲街道中心小学院内,当时这里还是娘娘庙,还有个别军人借宿在村民家里。天热的时候,很多村民看到朝鲜人在附近的潏河里洗澡。

2014 年 5 月，陕西省副省长王莉霞为纪念碑揭幕

1944 年 3 月，为了慰劳中国伤兵并纪念“三・一运动”，光复军第 2 支队在西安公演《阿里郎》，连续公演 17 天，轰动古城。

1945 年 8 月初，大韩民国临时政府主席金九乘坐军机从重庆抵达西安，当时的陕西省政府主席祝绍周邀请金九来家做客。二人正在吃西瓜时，得知了日本投降的消息。

二战胜利结束，这些远离故土的人们终于返回到祖国朝鲜。

2013 年 6 月，韩国总统朴槿惠到西安访问，在会见陕西省的负责人时，她提出了在当年长安杜曲韩国光复军驻地设立纪念标识石的想法。

第二年 5 月，在长安区杜曲镇寺坡村村口，韩国光复军第二支队旧址标识建成。

中韩参加纪念碑设立的来宾

抗战老兵说
杀死一个日军其实很难

“抗日神剧”的剧照

抗日神剧中的一个个“抗日英雄”，杀起鬼子来和捏死一只蚂蚁一样容易。其实，抗战时期的日本兵很难打。而且，不是一般地难打，当年在前线和日本兵真正交过手的将军和士兵最有发言权。

据军令部1944年的统计，第一战区敌我兵力之比是14∶100；第二战区是13∶100；第三战区是20∶100。平均起来，中国军队要六七个人才能抵抗一个敌人。当时军令部部长徐永昌的估计，也大致相似：中国军队共有320个师，在中国战场的日军约40个师，比例是8∶1。

李宗仁

第五战区司令长官李宗仁在《八年抗战敌我优劣之检讨》一文中这样写道：日本陆军训练之精，和战斗力之强，可说举世罕有其匹。用兵行阵时，上至将官，下至士卒，俱按战术战斗原则作战，一丝不乱，令敌人不易有隙可乘。日本高级将领之中虽乏出色战略家，但是，在基本原则上，绝少发生重大错误。日本将官，一般都身材矮小，其貌不扬，但其做事皆能脚踏实地，一丝不苟，令人生敬生畏。

蒋介石的副手陈诚介绍,我们抗战动员的兵力,在任何一次会战中,都比敌人多几倍。然而“兵在精而不在多”。武汉会战中,王陵基军团及第30军团孙渡、张冲两军,甫经接触,即溃不成军;而滇军卢汉所部,未经接触,仅闻敌机之声亦即溃散——以致连累素质较优的部队也无法达成任务,从而造成全盘的失败。

第六战区

八路军第一一五师师长林彪在平型关大捷后总结说:我们过去从北伐到苏维埃战斗中,还不曾碰到过这样强的敌人。战后只见战场上敌人尸体遍野,却捉不着活的。敌人射击的准确,运动的隐蔽,部队的掌握,都颇见长。

抗战时期的林彪

日军侵入南京

抗日老战士们说,日军不仅单兵作战能力很强,而且部队之间的协同配合也很好,部队一旦遇袭击,都能迅速展开,并以最快的动作,形成单兵之间的交叉火力掩护,和步炮之间的相互掩护。而一旦日军形成了战场配合,就基本上没有了射击死角,再要穿插分割他,难度就非常大了,稍不注意，就会被对方击中。

对于日军士兵的素质，老战士说，日本人打仗厉害，不怕死，枪法也好。只要稍微露头，就会给他们造成可乘之机。长沙会战时，张灵甫忘记隐蔽，爬在战壕上观看战况，刚一露头，就被日军一枪打中望远镜，手部也受了伤。

日军士兵

可以说，从将领到士兵，与日军交过手的中国军人，无不承认并感叹对手在军事素质上过硬。抗战中，那些保家卫国的中国士兵们，面对的就是这样强悍的对手。对这样对手军事素质的任何丑化与贬低，实际上是在贬低那些在抗战中牺牲的烈士和活下来的胜利者。

1945 年日本向中国投降

外国记者说抗战
要征服这样的民族几乎完全不可能

“一千五百年前，中国用书籍征服了日本，而现在，日本却用坦克和大炮来答礼。”这是抗战时期英国记者贝特兰发回国内报道中的一句点评。

抗战时期，有数十位外国记者活跃在中国大地上，用手中的笔和镜头记录了日本侵略中国的种种暴行和中国军民奋勇抗战的壮举，向世界展示中国正在进行着的这场艰苦卓绝的战争。这当中，有著名的作家海明威、记者罗伯特·卡帕、埃德加·斯诺、艾格尼丝·史沫特莱、爱泼斯坦、哈里森·福尔曼等。

这些外国人活跃在中国抗日的前线，和中国士兵们一起战斗，有人甚至付出了自己的生命。当然，中国士兵也对他们产生了深深的影响。

外国记者来中国采访抗战

南京国际安全区官员——美国人乔治·菲奇说，中国人有一种不可征服的忍受苦难的能力和毅力，还有许多其他的优良品德，正义最终必将赢得胜利。

1938年，英国记者阿特丽在武汉看到了中国人对苦难的忍耐，让她很震惊。他们“静坐着，毫不呻吟，令人极度哀怜。连儿童们也肃静无声，因为已疲倦得无力再哭了”。

她眼中的中国，又是如此坚强。“广九铁路每公里就有一枚以上炸弹光顾，然而工程队布满沿线，随时维修，火车从没有停驶过几小时以上。在广州，虽然成千的市民已在空袭下牺牲了性命，但全市却是镇静如故。”

“在上海，英国军官也歌颂着八百孤军的壮烈和中国士兵的英勇。”

采访中的外国记者在中国大后方受到礼遇

“中国士兵的坚毅,实在是一个神秘的奇迹。”她说:“这是自孩提以来的艰辛生活,使他得到这种不出怨言的忍耐吗?还是一种悠久的文化是宿命论使他如此呢?有的西方人,为着灭杀他们对于中国的苦难景象的感觉,竟发明了一种理论,说中国人的神经组织与我们的不同,因此没有与我们同样的感觉,我不相信这种鬼话。请看看中国人的灵敏的手,生动的脸,智慧的眼睛,和优秀的身躯。有一件事至少是确定了的:要征服这样的民族几乎完全不可能,不管指挥和统帅是多么恶劣,不管他们敌人的军备优势如何高强。”

外国记者延安采访时受到了毛泽东的接见

英国记者十分赞赏远征军,说他们是斗志昂扬,敢于牺牲,作风好、纪律好、装备好、战术水平高,是他所见到的世界上最勇敢的军人。

武汉沦陷在即,阿特丽乘飞机离开,结束了她对武汉保卫战的报道。“在半夜里,我从北郊的机场起飞;从香港来的这飞机在朦胧的微光之中下降,立刻就在全黑的空中飞回香港。许多朋友来送我,我们忍痛话别,惋惜着那永成过去的汉口夏季,珍重祝祷将来的再回。我飞到平安的境界去了;他们却要留待那结局。”

同样是6月,读这样的文字,感觉梦境一般,我们在这样平和的环境下争论,那些个年轻的士兵却在炎热中等待命运对自己考验。感恩我们的前辈,是他们拼却的一腔热血,才换回了我们中华民族的尊严。

李宗仁:不听老蒋的才能打胜仗[1]

李宗仁在接受唐德刚采访中,口述了他和蒋介石的交往经历。

蒋介石和李宗仁(资料)

抗战时,我方指挥系统的毛病多,最重大的一个缺点便是蒋介石越级亲自指挥。蒋介石既不长于将兵,亦不长于将将。但是,他却喜欢坐在统帅部里,直接以电话指挥前方作战。抗战时,他常常直接指挥最前线的师长,抗战后对共军作战,他竟然连团长也指挥起来。他指挥的方法是直接挂电话,或直接打电报,故战区司令长官甚至集团军总司令和军长都不知其事。有时一军一师忽然离开防地,而前线最高指挥官还不知其事。但是,蒋介石的判断既不正确,主张又不坚定。往往军队调到一半,他忽然又改变了主意,益发使前线紊乱。蒋介石之所以要这样做,实在是因为他未做过中下级军官,无战场上的实际经验,只是坐在高级指挥部里,全凭一时心血来潮,揣测行事,指挥系统就乱了。

凡是中央系的将领都知道蒋介石这项毛病。他们知道奉行蒋介石的命令,往往要吃败仗,但是如不听他的命令,出了乱子,便更不得了。所以大家索性自己不出主意,让委员长直接指挥,吃了败仗由最高统帅自己负

---

① 《李宗仁回忆录》,第818—841页,广西人民出版社,1980年版。

蒋介石

责，大家落得没有责任。将领如果是这样的庸才，当然不能打胜仗，而蒋介石却偏偏喜欢这样的人。

第一战区副司令长官兼第2集团军总司令刘峙，因在河北溃败之事，受到撤职查办的处分。但是不久，蒋介石又重用刘峙。据说，某次蒋夫人曾向委员长进言说："外边闲话很多，刘峙恐怕不能再指挥作战吧？"

蒋介石说："刘峙指挥作战是不行。但是，哪个人有刘峙那样绝对服从？"结果还是用了。蒋介石所喜欢的便是像刘峙那样"绝对服从"、自己毫无主张的庸才。因此，国军战绩也就不易表现了。

长沙三次会战时，薛岳本打得很好，不料在作战正紧张时，蒋介石一个电话把军队调乱，薛岳一时无法补救，被打得踉跄大败，失了长沙。薛伯陵一气，不听统帅部撤往湘西的命令，竟把部队撤到江西去了。后来薛岳几乎为此受处罚呢！有人问薛岳为何要到江西去，薛说："跑远一点，他（指委员长）电话便打不通了！"这是抗战期间，高级将领尽人皆知的趣事。

不过，话又说回来，终我六年之任，委员长从未直接指挥过我五战区的部队。我原知道蒋介石有这项脾气，所以当二十六年（1937）十月蒋介石任我为五战区司令长官时，我便笑着向他说："委员长，我很感激你这样看重我，使我负这样重要的职务。不过古代战略家说：'将在外，君命有所不受。'我希望你不要打电话直接指挥五战区的部队啊！"

蒋介石也笑笑说："五战区我不打电话，对你我放心得过，放心得过。"他果然能守此诺言，始终未打过电话。我在徐州时，蒋介石曾为别的事和我通过两次电话。他那口宁波腔，当面谈话还可勉强懂得，在长途电话里，我就有一大半不懂了。我听得很吃力，蒋介石也觉得很苦，以后他连这类电话也少打了。老实说，我在五战区能打几次小胜仗，未受委员长直接指挥，亦不无关系。

《冈村宁次回忆录》中让国人开心的两件真事

1963年4月，应日本防卫厅战史室要求，抗战后期任中国派遣军总司令官的79岁的冈村宁次抱病整理自己的个人日记和撰写回忆录。1965年，回忆录初步完成。在这本回忆录中，冈村记录了两件非常有意思的事。当然也可以看出，尽管已近80岁的人，这两件事也过去多年，但回想起来，仍让他耿耿于怀。

海军攻击陆军

日本陆军和海军不和有着深刻的历史渊源。

从明治维新初期开始，两个军种就出现严重分歧了。日本陆军师从德国，海军师从英国，其军种内高级将领也不少都是留洋归来。德国和英国军事发展路线不同，自然日本学生也学得不一样，再加上日本地处狭小岛国，缺乏大局观，比较死板。陆军光想着占领国土；海军光想着创造英国那样的辉煌，占领港口，把控贸易。在日本国内，双方一个看不上一个，发展到极致，就是陆军必需的战略物资，如石油等，海军不拨给他们海运船运回。于是陆军自己造船造潜艇甚至制造航空母舰，而海军也不甘示弱制造了大批量的坦克。

日本海军陆战队

到头来，嘴仗都打到天皇跟前了。一次，裕仁天皇非常天真地问他的侍卫官："难道海军和陆军之间真的水火不容吗？如果他们之间存在摩擦的话,那我们就难以赢得战争的胜利。”

可有一次,海军飞行员向陆军发起了飙。

那是1938年7月,日军波田支队侵入九江。

波田支队是日据台湾时台湾驻屯军的一支,由波田重一率领,因而称为波田支队。日本军队效仿中国古代的军队,给小队、中队、大队、支队、联队的部队都冠以负责人的姓。7月9日,日军不断以舰炮和扫雷,清除中国军队长江及鄱阳湖封锁线。到了22日午夜,日军波田支队利用暗夜和风雨,进至鄱阳湖之鞋山附近,23日零时20分开始,在海空火力掩护下,在姑塘附近的中国军队预备第11师的正面登陆,第11师奋力抵抗,击沉日军汽艇10余艘。由于日军地面火力猛、又有战机支援,激战3小时,敌登陆成功。

日军士兵

当时,为配合波田支队的进攻,停泊在长江流域军舰上的日本海军水上战斗机多次出动,对庐山北麓的我军阵地进行俯冲攻击。

24日这天,日本陆军登陆成功。担任波田支队运输弹药任务的台湾民夫看到高地斜坡上摆了几门我军遗弃的山炮,就围了上去。一个好事的民夫顺手抻了抻山炮的牵引绳。

这一拉不要紧,谁知道竟闯下大祸。炮镗中竟装有炮弹,牵引绳一拉,炮弹发射后直接飞向了日军阵地。

这下了不得了。

空中海军飞机的飞行员一看,竟还有“国军”向日本皇军开炮。直接俯冲下来,对山炮周围的日军和台湾民夫展开了攻击。一轮不行,还五次三番进行俯冲扫射。这帮鬼子躲都没地方躲,一阵工夫,就死伤了70多人。

日本人做事认真,扫射完了还要观察一阵,有活的就继续攻击,直到地面上没了动静,海军战斗机这才志得意满、兴高采烈地飞了回去。

等到飞行员兴冲冲地落了地,陆军方面的通报也来了。

这下,轮到飞行员傻眼了!

赶紧吧,给陆军写信道歉!

冈村大将能有啥办法,只好回信说:事故原因在我方,感谢空军勇士勇敢行动!

三位二货军官

明治维新之后,日本全面开放向西方学习。上层官僚们已经意识到,人才培养是重中之重。军人的培养一直备受日本官方的重视。清政府也派留学生到日本学习军事。

1937年10月下旬,中日上海激战正酣。11月5日,日军第10军司令官柳川平助率第6、第18、第114师团及第5师团国崎支队,突然在杭州湾登陆,策应日本上海派遣军进行迂回包围。中国军队瞬间面临被前后夹击的危险,只能放弃上海,向南京撤退。

日军一方面向撤退的中国军队发起攻击,另一方面,安排部队收缴大量的战利品。

就在上海郊外,三名日军下级军官领命收缴四处停放的中国军车。当时日军炮火凶猛,损毁的汽车很多,还有一些没有来得及撤退,被日军抢占。

这样的中国军车数量巨大,刚一收缴完,三名下级军官就惊呆了。三个人估计这辈子都没见过这么多车要处理。仨人一合计,竟找了个中国商人,把收缴来的军车给倒卖了。

一下子,三个人收到了巨额现金。

如何花掉这些钱呢?三个人开始犯愁了。

淞沪会战

又坐下来讨论，讨论来讨论去的结果竟然是回日本。

要知道，违反军令私自离开军队是犯法的。

谁知道这仨人本事大，竟欺骗了日军上海兵站司令部，说要回国公干。

于是乎，仨人怀揣着巨款，坐着军队的轮船，回到日本的佐贺县，住高档酒店、泡温泉、玩姑娘、好吃好喝、好不逍遥自在……

就这样，花天酒地的好日子过了个没完没了。

直到赃款花得差不多了，仨人又欺骗兵站结伙悄悄回到部队。

日本佐贺县

部队还以为这仨货战死了呢，谁知道这仨刚逛回来。

大将冈村宁次记载说，等到军队发现这三名下级军官犯下如此荒唐的军令时，已经有快一年时间了。

这件事日军全军通报。

怎么处理的，冈村没说。但从他的口气分析，这仨二货在劫难逃。

日本军中著名的菜鸟部队

这么严肃的时刻出现这么一篇文章有些怪，一段时间我也不知道该把这篇文章放在哪里。这是抗战14年里一段趣事，算是一个花环，给大家沉重的心情一个小小的舒缓吧。

大阪第4师团

抗战时期，日军强大的战斗力和野蛮屠杀给世人留下了深刻的印象。其实，不是所有的日军部队都是这样的。很少有人知道，在日本，还有一支以战斗力差而被兄弟部队鄙视，被世人嘲笑的另类部队。日本一位史学家称这支部队为“皇军中第一窝囊废师团”。

这个师团就是有名的“大阪第4师团”。它还有一个外号，叫大阪菜贩师团，因为师团中的很多士兵都是曾在大阪街头摆小摊的摊贩。这个师团成立于1888年，组成地是日本著名的古都大阪，是日军中的资格最老的师团之一，装备精良，为陆军的甲种师团。

这个师团的前身是1906年“日俄战争”时期的第8联队。屡战屡败，获

第 4 师团官兵

得了“败不怕的八联队”绰号。从此，畏战仿佛就在这支部队身上生了根。

虽然打不过俄国人，但师团在国内还是挺横的。1933 年，第 4 师团的二等兵松井在大阪市中心闯了红灯罚款，结果松井耍横，和警察发生了口角继而撕打，没占上便宜，灰溜溜地回去了，松井被打的消息传到了师团长寺内寿一的耳朵里。寺内寿一就是那个后来在中国指挥徐州会战，被李宗仁踢了一脚的家伙，他是陆军的大将。当时听说自己的士兵被警察 PK，感觉一个小小的警察，竟敢污辱“大日本皇军的尊严”。于是带兵砸了警察局。史称“大阪 Go – Stop 事件”，第 4 师团在日本国内的“武勇”可见一斑。

日军第 4 师团官兵

除了寺内寿一，这个师团长中还有两个赫赫有名的人，一个叫阿部信行，后任第 36 任内阁总理大臣，另一个叫山下奉文，号称“马来之虎”。山下在日本军中还被称为承载新陆军的“双璧”之一。可是，尽管师团长如此有名，也没能改变第四师团“窝囊废”的名号。

寺内寿一

山下奉文

1937 年,第 4 师团被调至中国东北,划归关东军序列。为了提升这个师团的战斗力,日军从大本营先后调来几位名将整训该师团。1938 年,第 4 师团南进支队参加徐州会战。第五战区司令长官李宗仁为摆脱日军包围,带领军队跳出日军的包围圈。可就在军队人困马乏之际,接到线报,说有一支装备精良的日军部队挡住了去路。一听有敌军,中国军队惊惶失措,混乱地离开公路撤向附近的山区。奇怪的是,过了很久都没有日军追来,中国指挥官惊奇之余派人打探,却见那支日军丝毫没有追击的意思,竟在路边生火做饭,欣赏美景,好不逍遥。事后,日军调查第 4 师团为何不向中国军队发动攻击,部队长竟以他们"严格遵守作战纪律"为由,向上级解释:"没有得到对中国军队进行截击的命令。"

就连调查人员听了都哭笑不得。中国军队逃过一劫。

1939 年,苏联与日本在中蒙边界的诺门坎地区发生冲突。关东军下令第 4 师团、第 2 师团紧急动员,增援前线。第 2 师团接令,强行军四天到达前线,当天就投入了战斗。与之形成鲜明对比的第 4 师团,忽然集体抽风,疾患激增,不是头疼就是肚子疼,放眼望去,没有几个健康的。联队长暴怒,亲自坐镇医务室,这才勉强组织好部队出征前线。"联队长改行当大夫"的笑话,从此在日军中流传开来。结果行军途中,这帮人又消极怠工,不是掉队就是体力不支。第 2 师团走了四天,第 4 师团硬生生走了八天。巧的是,他们抵达前,日苏停战。这伙子士兵一听,忽然来了精神,掉队的也都赶上了队伍,还一个劲抱怨说,很遗憾,没和苏联干一仗。

大阪历史博物馆曾是大阪第 4 师团的司令部

可笑的是，返回驻地的时候，第2师团伤兵满营无精打采；第4师团齐装满员、精神饱满，成了日军中最威武的部队。连军中的宣传干事都看不下去，提笔把《我无敌皇军第4师团威势归来》新闻标题改了一个字，变成了《我无伤皇军第4师团威势归来》，讥讽这支"菜鸟"部队。

日本记者的文字功底还是很高的。

尽管出尽洋相的第4师团运气却相当好。华中地区战事吃紧，急需增援，日本军部急调其南下增援。第4师团摇身一变，又成了日军精锐第11军中的一员。当时第11军司令官阿南惟几也听到说第4师团是菜鸟部队，可他不信邪，派第4师团在长沙会战中打主攻，想改变军中人士对第4师团的偏见。结果让阿南将军很狼狈，第4师团被薛岳将军打了个鼻青脸肿，全线溃败。

"大阪的日本兵不会打仗"的消息，就连中国军队都知道了。只要一听说对手是第4师团，中国军队都会士气大振。第4师团的兄弟部队向上级报怨：有第4师团参战，本来能打赢的仗，因为敌军士气大振，也会打输……

一时间，第4师团成了日军的"丧门星"，哪个军都不要它，大本营只好将其改为直辖部队。这下，第4师团的兵有的吹了："老子当兵就在甲种师团，开战时属于关东军——精锐，仗打起来在11军——还是精锐，最后11军装不下我们了，只好改大本营直辖……"

当时，日军各部的临别致辞都有自己的特色，战况较好时就说"武运长久"；情况不妙时就说"九段坂见"（靖国神社在东京九段坂）。然而，第4师团的官兵告别时，却常说"御身大切"，翻译过来，即"保重贵体""身体第一"。负伤的士兵到医院，那些"养病"的第4师团"前辈"们还要问："你为什么要这样玩命啊？"真是让人哭笑不得。

1945年8月15日，日本投降。当时，第4师团正在泰国曼谷附近休整，与其他不肯接受战败命运的日军部队不同，第4师团的投降与回国进行得异常顺利。当面色红润、身强体壮的第4师团官兵返回日本时，本土那些营养不良、形容枯槁的日本人都十分吃惊。

据统计，第4师团是日军南方军中战死最少、装备物资保留最完整的部队。美军对这个师团的评价是"爱好和平"。而第4师团回国后，也马上体现出这一特点来，回国后第二天，就有官兵跑到美军兵营前，整齐地摆开摊位，兜售起战争纪念品，再次回归商贩本色。

第 4 师团官兵缴械

翻看日本中国派遣军总司令冈村宁次的日记，在他的记载中，日军全军第一的师团是第 6 师团，最弱的部队为 101 师团和第 106 师团。第 4 师团没有提及。冈村宁次曾经想动用全军的力量来帮助这两个师团恢复名誉，谁知道这两个师团的表现仍然是不能尽如人意。同时，日本防卫厅防卫研究所战史室的《长沙作战》中，对第 4 师团的记述进行了相当的肯定，认为第 4 师团的表现没有十分抢眼，却也没有拖后腿，冈村的日记中也没有相应的评价。

第 4 师团官兵回国

值得一提的是，日本战后不允许拥有军队，只准保留不超过 10 万人的准军事部队，改称自卫队。第 4 师团竟还保留了自己的番号，直到今天，日本陆上自卫队中仍编有第 4 师团这支部队。

日本自卫队第 4 师团

司马辽太郎分析说，第 4 师团如此之菜，跟大阪地区特有的文化息息相关。大阪是著名的商业城市，几百年如一日，不断和诸侯大名斗智斗勇、讨价还价，所谓忠诚，根本谈不上，别说天皇了。看待上级命令，出身于大阪的官兵也习惯“讨价还价”“斤斤计较”,不会像其他部队那样闭着眼睛执行到底。甚至第4师团内部还制订了所谓“无益的牺牲不要付出”“不合理的战斗不要参加”“穷途的敌军不要追”的“三不要”原则。

传奇

江山流传
清歌一曲
流离人间

半部《心经》
在南京大屠杀中成就一段传奇

这又是一个传奇故事，故事的主角传奇到他成为著名作家张恨水笔下巨著《大江东去》的主人公。就连曾策动汪精卫投日的日本人今井武夫也曾在他的回忆录中提起他。

他叫钮先铭，江西九江人，生于1912年。钮先铭出自官宦世家，其父亲钮传善是前清的一名优贡，曾在重庆和丽江担任知府，做过陕西巡按，还曾担任过北洋政府的财政次长。

钮先铭将军

钮先铭天资聪颖，14岁时，就被父母送到日本士官学校学习。日本士官学校毕业后，他不满足，又来到了法国圣西尔军校留学。1937年，全国抗战开始后，钮先铭听到消息后立即中止学习，回国参战，共赴国难。

回国后，25岁的钮先铭任中央军校教导总队工兵营营长，教导总队驻守南京。1937年11月9日，国民革命军在淞沪会战中失利，上海被日本占领。12月1日，日本大本营发出攻占南京的命令后，日军分路向南京进击。12月初，各路日军对南京形成三面包围，12月上旬，日军向南京发起围攻。教导总队1旅2团守卫光华门，多次打退日军的进攻。钮先铭负责率领工兵营向阵地运送弹药。2团的团长叫谢承瑞，是法国炮校与兵工大学的高才生。由于同在法国留过学，钮谢二人就有很多的共同语言，战斗中两人也很投缘。于是在战斗间隙，谢承瑞郑重地告诉钮先铭，如果遇到不幸，把自己的妹妹谢承美托付给他，请他照顾……

12月12日晚,教导总队奉命撤退,钮先铭负责断后。13日,谢承瑞在挹江门撤退中不幸遇难。13日清晨,日军山田支队占领乌龙山。日海军舰艇通过封锁线到达下关江面,日军第16师团一部冲到八卦洲江面,大批正在渡江的中国官兵被日军射杀。

负责断后的钮先铭最初手头还有两连士兵,部队被冲散后,只剩下了三四十人。赶到江边时,又无船可登,他只好逃到了幕府山的永清寺。得到了守印、守志、二空等三位和尚的收留,当起了和尚,法名二觉。守志、守印和尚本是豪杰之士,曾在1900庚子年间抗击过八国联军,失败后遁入了空门。

逃入永清寺第二天,就遇到日本兵前来检查。一个逃到这里的警察被日军用枪猛击脑门,开枪射杀,钮先铭吓得肝胆欲裂。作为和尚,惊魂未定的他被日军带往上元门一带领米,亲眼目睹了成千上万的战友像沉默的羔羊一样被日军看押。

日军将被俘的中国军人用绳捆绑后,押赴郊外集体枪杀。

很快,日军就在南京城里展开了全城大搜捕,对庙里的和尚也不放过,挨个盘问。凡是"手上有老茧""剃光头或有帽箍"的,均被认为是中国士兵予以逮捕。尽管做过军人,钮先铭还是非常惊恐。检查的日军曹长也始终觉得钮先铭可疑。他检查钮的头部,看有没有戴钢盔留下的印记,所幸钮平时戴的是德国带护耳的钢盔,久晒之下并未黑白分明。日军曹长还不放心,竟要考钮先铭是否会念经。于是,他背诵起了《心经》,所幸,钮先铭小时候曾随同母亲一起去过庙里,跟着母亲灌过耳音,还好记了一些。结果背了一半,日军曹长就不耐烦地考问下一位和尚,钮先铭浑身冰凉地躲过了一劫。据他后来记述,日军盘问他时,他已吓得"魂不附体"。

《心经》原名叫《般若波罗蜜多心经》,是佛教中最基础、最核心的一部,在中国流传也最为广泛。

尽管幸运地躲过一劫,但接下来的日子并不好过。《还俗记》中,钮先铭描述说:见到日本鬼子进城,他会"过分惊恐";日本鬼子来搜查,"前后虽不过十几分钟,可是紧张的情绪使得每个人都近乎昏厥,我也不例外。"

钮先铭在日本留学数年,与土肥原贤二、根本博、原田熊吉等日军高级军官相识。他十分害怕被这些"故人"认出,每天都在惊慌失措中挨过,表面上还得像个和尚,平静如水。这实在是一种煎熬。

好在一天,一名日军伍长带领士兵来永清寺检查,钮先铭装作不懂日语,与之笔谈,故意称对方为“阁下”。在日军当中,只有将军才可以称“阁下”。日军伍长一时高兴,亲自书写了“此系寺宇,皆为良民,应予保护”的字条。从此,每遇日军前来检查,钮先铭和寺里和尚都向来人出示这张字条。还好,这个“护身符”每次都能让他们侥幸过关。

1938 年 3 月初,钮先铭随守志、守印、二空等和尚们从中央门入城,搬到了鸡鸣寺。二空担任主持,另有丹凤街别院中的两个和尚也来到鸡鸣寺。他们知道了钮先铭的来历,但从未透露一丝风声。

2016 年的鸡鸣寺雪景

鸡鸣寺位于南京鸡笼山东麓,又称古鸡鸣寺,始建于西晋。自古有“南朝第一寺”,“南朝四百八十寺”首寺的美誉,是南朝时期中国南方的佛教中心。

躲过了日军的一次次考查,也不见得能闯过鬼门关。鸡鸣寺是一座很有名的寺庙,庙里也常常会迎来很多日军的高级军官。这当中,就有他曾经留学时的教官。一次在庙中,他就和他的日本教官“狭路相逢”。还好他表情“平静”,再加上一身和尚行头,让他的教官产生了错觉,再次与死神擦肩。看到这样的文字,我暗想钮先生没有被日本鬼子认出的原因,一是他当年去日本留学时,只有 14 岁,娃娃脸,成年后脸型会有变化;二是行头,他穿一身袈裟,弓个腰,与军校的军人挺拔比有明显的错觉,所以他能逃过一次次劫难。

大屠杀之后,日军到处搜集人力,对尸体加以处理,钮先铭也被列入其中,亲眼目睹了2万多中国军人被屠杀的惨状,以下是他的记述:

"开春渐渐和暖了,那一大批尸体也渐渐腐烂,一股尸臭传到我们小庙周围。不久来了一批中国人连同少数的日本军官,其中还有一位日本的随军僧侣,手持法器,连敲带唱地念着经咒,来到庙里,硬要我和二空和尚一同去处理那批死尸。当我和二空一同来到大湾子,呈现在眼前的是一大片沙滩上堆满了尸体。由于江水的潮汐,流冲尸体,使得半干半湿泡在浅水中,由于天气渐暖而逐渐腐烂,露在破军服外面的手脚和面部变成了半骸髅型。眼前所呈现的情景,即使用'心惊肉跳,惨不忍睹'来形容,也不尽然能描述我和二空两人当时的心情!"

作为南京有名的古寺,来鸡鸣寺里进香的鬼子很多。钮先铭看到很多前来"朝拜"的鬼子都想盖一方鸡鸣寺的"印信"作个留念。于是灵机一动,找了块石头,用修脚的刀子,刻了一枚"古鸡鸣寺"印章,糊弄日本人。谁知从此一发不可收,从刻图章发展到给日本人写字,很受欢迎。以此为自己、为寺庙加上了一重保护色,避免了汉奸的骚扰,同时,还可以得到一定的报酬,以此养活了自己和僧人。

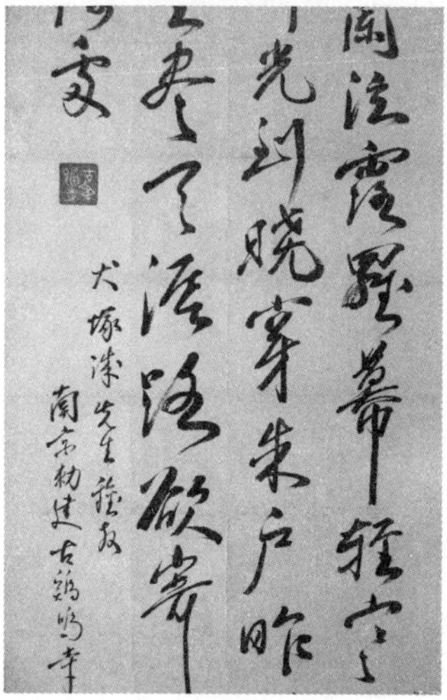

钮先铭手迹

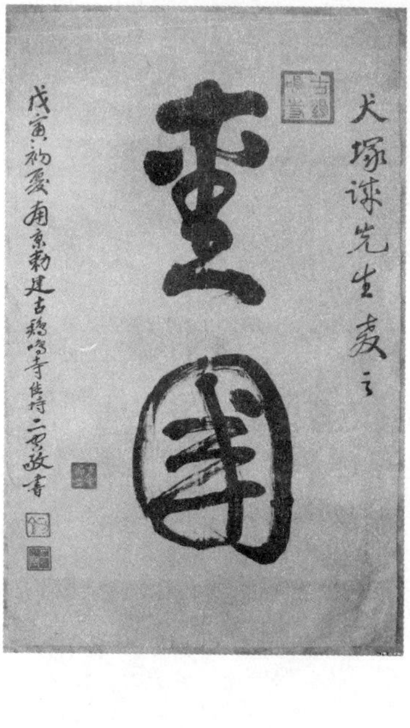

钮先铭制作的印章

1938年6月19日,日本宪兵队的一名军官到鸡鸣寺调查日军违法的事,并留下名片。钮先铭灵机一动,说鸡鸣寺的地契在上海,需要取回,请求日军发给通行证。日军同意了他的请求,发了一张许可证,允许老、少僧人各一名购票赴沪。

1938年8月11日,钮先铭在守志师父的护送下,经过日本海陆军十多道检查,进入上海公共租界,转赴武汉归队,结束了8个多月的僧人生涯,走上了抗日的前线。1939年,著名作家张恨水以钮先铭为原型的小说《大江东去》风行全国,传到日军阵营后,与钮先铭有过交往的日军军曹们一时哗然,成为当时国人的笑谈。

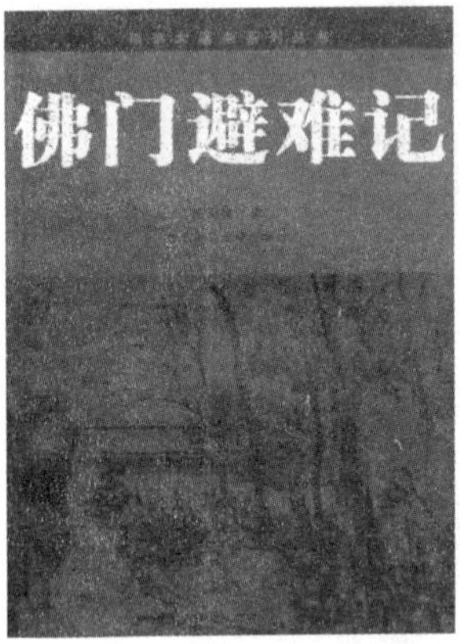

《佛门避难记》封面

1945年9月8日,钮先铭随同中国陆军总司令何应钦飞到南京,在代表中国战区接受日军投降之前,他又一次重游鸡鸣寺。物是而人非,满寺的游玩日军不见了,他们的总司令正等着向中国人民乞降,中国人赢得了抗战的胜利!

重回部队后,钮先铭先后任军事委员会第三厅副厅长,台湾警备总司令部中将副总司令。

何应钦赠给钮先铭的戎装照

战死沙场的谢承瑞团长在守城之时曾把小妹谢承美托付给钮先铭。战后,钮先铭履行了对这一抗日烈士的承诺,迎娶谢承美为妻,生儿育女,白头偕老。

1996年,一生充满传奇色彩的钮先铭先生去世,终年84岁。

抗战中神奇的广九铁路

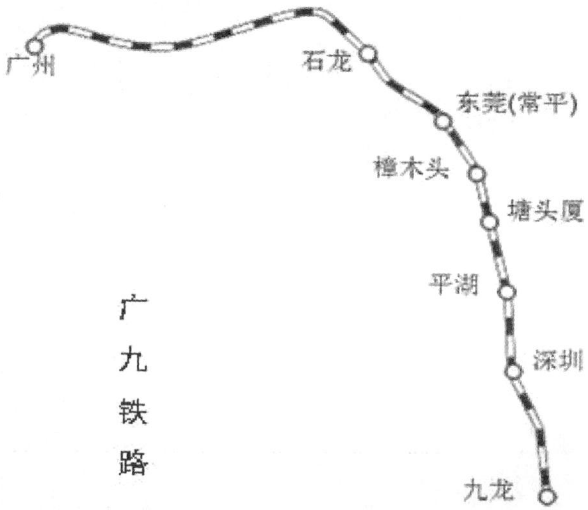

广九铁路

广九铁路站台

广九铁路连接深圳和广州，全长 142.77 公里，是 1907 年英国借钱 150 万英镑给清政府修建的。谁也没有料到，抗战前期，这条铁路发挥了重要的作用。

广九铁路广州站

要说这条铁路发挥的重要作用，我们得先来说说香港。

抗战中繁荣的香港市场

1938 年的香港，是世界上最繁华的都市之一。自 1937 年上海被日本人占领后，香港就成了对华贸易的主要港口，这座大都市虽是中国的一部分，但被英国占领，日军的飞机和炸弹还暂时没有伤及香港。

1938 年的香港

在香港的九龙港,铁路经广州直达武汉。英国船、法国船、美国船、德国船、意大利船轮番停泊在这里,中国用宝贵资源换取的欧美等国的战略物资都经由此地,转运至内地。

1938 香港港口

为了应对日本的侵略,中国用茶叶、桐油等土特产和铜、镁等贵金属从这里输出,换取作战急需物资。

抗战中的广九铁路

香港运送内地军火和输出货物的广九铁路，就成了日本人的眼中钉，持续遭到日军飞机的扫射和轰炸。为了保证这一铁路上列车的正常运转，沿途的中国军队架设了高射机枪，用来应对日军飞机。夜间，日军飞机则出动得更勤。

阿特丽说，广九铁路列车的车厢外，随处都能看到日本飞机扫射后留下的弹痕。在列车上，中国士兵们荷枪实弹，严格审查每一位乘客，严防日本特务来刺探情报和搞破坏。

一位意大利记者告诉阿特丽，他曾在九龙港遇到过一位日本特务，鬼鬼祟祟地刺探中国购买了什么样的武器？这位从业八年的老记者还告诉阿特丽，中国人如何来应对日本人的轰炸。他说，军火列车第一层用一个瓦缸罩盖着，外层包裹着一层空篮子，上面再放些烂泥、席子和竹头。这样让日本飞机摸不清列车到底装了什么，具有一定的保护作用。沿途飞机轰炸时，列车就先停下来，让乘客们去附近水田里躲避，然后列车快速地开进最近的一处隧洞。每到晚上，列车上的灯火是熄灭的，即使是满月的夜间，飞机一般也很难辨别出列车在行进。

阿特丽发现，沿途的每一个车站，都有日军飞机轰炸后损毁的房屋。行进的过程中，也能感受到飞机轰炸后铁轨连接处的颠簸。广九铁路沿线有两座重要的大桥，由于中国军人防空严密，两座大桥尽管遇到了日本飞机的多次轰炸，都安然无恙。

之所以能称为神奇，是这条铁路完备的修理工作。曾有一个统计，半年时间，这里遭受的轰炸达到了163次，除了恶劣天气，几乎每天都有日本飞机来轰炸，扔下的炸弹多达1600多枚。即便在这样的情况下，广九铁路依旧运输繁忙，从来没有发生过因轰炸而造成铁路中断数小时的情状，往往很快就清运修理完好，通车运行。每天每夜，只要军火从香港运抵，马上就会经这条铁路转运送至广州，再经过轰炸更激烈的粤汉路，送到汉口。

阿特丽看到，广九铁路沿线，随处都堆放着铁路修理所需要的原材料，铁轨、枕木和各式各样的建筑材料。工人们就是沿线的农民，只要遇到破坏，他们就迅速敏捷地投入修理工作，这些工人每天的工资仅有六毛钱。阿特丽惊叹，这样的工程队组织，真可以对得起任何国家！

在铁路桥两边，是用稻草搭成的简易的窝棚，中国士兵们就守在这简易的窝棚里，守卫铁路。为侵占广东，日军对广州市进行了长达14个月的狂轰滥炸，其轰炸密度仅次于当时的陪都重庆，广东共遭日机19281架次的轰炸，投弹33857枚。

1938年10月22日，广州被日军占领，中国失去了重要的国际物资补给线。那一天，中国政府对外宣称，通过广九铁路所运送的军用物资，可以支持九个多月。

遭受日本飞机轰炸的广州街道

日军逼近武汉
蒋介石座机空中迷路

蒋介石视察部队

武汉保卫战，尽管中国军队以失败告终，但比起南京保卫战，中国军队明显成熟很多，防守顽强、撤退有序，既迟滞了日军，又消灭了日军有生力量，沉重打击了日寇的狂妄气焰。

从1938年10月起，各防御部队陆续撤离武汉。到了10月中旬，大家就开始催促蒋介石赶快离开。

可是，蒋介石就是不走，玩起了为将之道，泰山崩于前而色不变。他表示说，现在武汉是国民政府的行都，抗战进入到新阶段，他要坚守到最后一刻，用来鼓舞军队和国民。

蒋介石不走，大家就只好陪着。侍从室主任林蔚劝得口干舌燥，就连不爱说话的秘书陈布雷也加入到劝告的行列中来，蒋介石就是不听。

关键时刻，军令部长徐永昌电告蒋介石，必须最晚在24日撤离，武汉城中已混入了日军的便衣队，如果再不走，就危险了。

蒋介石是答应了10月24日撤离，可这飞机却成了大问题。需要临时调用中国航空公司的飞机。武汉陷落前，蒋介石不走，飞机可不能等他，等到蒋介石决定走了，临时却找不着飞机了。

这时，武汉周围的中国军队已经全部撤离。

1938 年的武汉

到了 24 日太阳落山前,汉口郊外已能听到日军的枪声。一时间,侍从室的人站在那里团团转,个个心急如焚。

就在大家不知道该怎么办的情况下,机场方面打来电话说,晚上 7 点前会有一架飞机降落。这时,大伙这才长出一口气。

晚上 7 点,终于有一架中航的飞机降落在汉口机场。蒋介石、宋美龄和随从们迅速登机。

与蒋介石座机型号相同的飞机

当时,驾驶这架飞机的驾驶员是一名美国小伙子,刚拿驾照不久,导航员也是个生手。由于武汉运送的航班太多,一时调不过来人,只好把他俩派来了。等飞了一阵,那个领航员满头大汗地报告蒋夫人,我们迷路了。

蒋夫人一听就急了,飞机下面枪声不断,这不是要命吗?他问菜鸟领航员,那么办?

小伙子结结巴巴地说,现在飞机的油料也不够,得必须返航加油,顺便再校对方向。

蒋夫人责问,必须飞回去吗?

夫人，必须！领航员说。

没有别的办法吗？比如副油箱。蒋夫人问。

没有。领航员遗憾地耸耸肩。

事已至此，已没得选了，只好再飞回机场。

但飞回去谈何容易，机场下面的灯光全部关闭了，工兵们在机场周围已安装了炸药，准备爆破。

好在他们用电报联络上了机场的指挥中心。机场挂起了红灯笼，这才指示飞机缓缓降落。在场的施工人员都很惊讶，怎么又落下了一架飞机？更让大家不解地是，蒋介石穿着披风走了下来，好多人都惊呆了，这玩得是哪一出啊！日本人近在眼前。

后来根据日军的军史记载，那天晚上，日军第6师团的牛岛支队已经抵达了汉口北郊的戴家山，离汉口机场仅15公里。

等到机组人员加满汽油，重新定位好航向，飞机再次起飞时，已经到了10月25日的凌晨4点。

蒋介石与宋美龄

一个中国兵和日本兵的对话

这是作家萨苏在日本查找资料时,发现的一个叫作斋藤的日军士兵纪录他在湖南前线和一个中国士兵的对话。

日军士兵斋藤描述,那是在修水作战期间。武汉失陷后,冈村宁次指挥的日军与薛岳指挥的第九战区和顾祝同指挥的第三战区部队对峙于修水两岸。

战斗间隙,斋藤到一条小河边用汽油桶洗水果。洗着洗着,一个不小心,汽油桶被水冲走了。斋藤跟在后面追,谁知道这汽油桶竟漂向了河对岸。

这时,他发现对岸有个正在洗澡的中国兵,双方都大吃一惊。因为都没有带枪,双方都没有办法射击。那名中国士兵慢慢站起身来,抓住了那个汽油桶,取出一个水果吃了一口。然后从容地向后面的树林退去。

斋藤鬼使神差地就用日语问了一句 :“好吃吗?”

没想到这个中国兵居然用日语回话道:“谢谢。”

看来这可能不是一个普通的中国兵,而是个下级军官或者士官。出于好奇,斋藤继续问道:“你们过得怎么样? 发的钱多吗?”

那个中国军人站住脚步,耸耸肩说:“好几个月没有发到饷了。”

大概是看到这个日本兵觉得挺有趣,又补充道:“日子不好过啊,有督战队,不好好打仗可能被自己人打死哦。”

沉默了一下,那名中国军人又说道:

“那样,我就看不到夺回台湾,看不到占领大阪,也看不到占领东京了,多遗憾。”

说完,带着汽油桶慢慢地走向树林中去了。

这是个广东兵,看起来很瘦。斋藤在回忆的最后说。

日本王牌飞行员战后兰州安家

抗战末期，冈村宁次担任日本中国派遣军总司令官。1970年，日本原书房出版了冈村本人的回忆录。在这本回忆录中的战俘篇中提到了一位叫山下七郎的海军大尉。冈村写道：“在成都军事监狱，收容有山下七郎海军大尉。”

日本飞行员山下七郎海军大尉

要知道，这个山下七郎，可是日本军中赫赫有名的王牌飞行员。在日本航空队，每年都要对战斗机飞行员进行驾驶、编队、格斗、射击、轰炸等技术竞赛，评选出最优秀的4名飞行员，作为全体飞行人员的样板。1937年，被评为最优秀的战斗机飞行员为海军航空队的南乡茂章大尉、潮田良平大尉、山下七郎大尉和陆军航空队的三轮宽少佐等人。他们个个技术高超、作战凶猛且经验丰富，是日本航空队中的“四大天王”。

山下七郎

日本人原以为中国实力薄弱，空军可以纵横南北，不承想，开战仅一个多月，9月21日，三轮宽少佐第一个被一名叫陈其光的中国飞行员击落，丧命太原；9月26日，山下七郎被中国飞行员罗英德第二个打了下来，生俘；1938年1月7日，南昌上空，潮田良平大尉被中国飞行员徐葆畇击落身亡；7月18日，又是中国飞行员罗英德再建奇功，将南乡茂章打了下来，南乡大尉当场毙命。南乡之死，让日本海军大将山本五十六当场痛哭。“四大天王”仅一年光景就死了仨，被俘一人，这对狂妄的日本军航空队来说，真是莫大的讽刺。

在冈村宁次大将的回忆录中，这样描述说，在1943年4月上旬的一天，关押在成都的小笠原、杉野两海军军士，森村伍长、野崎军曹等同屋4人全部越狱。当日傍晚即被逮捕。山下海军大尉作为教唆犯同时被逮捕。由于在他们的衣服内同时还发现了中国军队的配备图、兵力及其他情报，被定性为“间谍罪”。1945年8月15日，日本投降停战当天，中国的《大公报》刊登了五人被处决的消息。

中国空军英雄徐葆畇

按冈村司令官的描述，日本飞行队的“四大天王”到1945年8月15日已全部被消灭。

其实，冈村司令官到死也不知道，这个山下七郎海军大尉并没有死。50年后，他才在中国兰州安然离世。死的时候，在中国已有三个孩子。

战斗中的中国空军

这个故事仍和当时的中国的空军飞行员罗英德有关。山下七郎生于1907年，日本福冈县人，毕业于霞浦海军学校，毕业后编入了霞浦航空队。1933年，升中尉，先后调到凤翔航空母舰和大村航空队服役。

1937年9月22日,罗英德与战友张韬良在南京汤山上空执行飞行任务。10点30分,一道从紫金山方向的亮光反射进了罗英德的眼帘,尽管只有百分之一秒,但敏锐的罗英德意识到,日本飞机来了。随后,他和战友张韬良向这架日本飞机发起了攻击,并将之击伤。这是一架日本的96式飞机,比我国的战机先进,遇到攻击后,这架飞机快速升空,向高处飞去。

罗英德分析,日机受伤,绝不敢在云层久待,于是飞至句容上空,等待日机。果不其然,日机降低高度返回,再次被罗英德捕捉到,并向这架日机发起攻击。驾驶这架飞机的山下七郎不愧是"四大天王"之一,飞机受伤,硬是躲过了罗英德的攻击,但油箱被打漏,迫降在中国军队的控制区昆山,随后被俘虏。俘获这位日军王牌飞行员的军队正是日后扬名海内外的74军,驻守昆山的第51师302团。团长叫程智,毕业于黄埔军校5期,湖南醴陵人,抗战英雄,后来壮烈殉国于南京保卫战中。

中国空军的战机

罗英德见到山下七郎的时候,是9月28日的晚上8点10分。按罗英德的描述,看见山下七郎应该早一些,只是山下一直昏睡,无法对话。等到能交流的时候,是他们吃完晚饭以后。那天山下的情绪很抵触,他也不认为是罗英德击落了他。只说是他的飞机漏油了,没有办法才迫降的。

之后,罗英德和他的战友们经常去看望山下七郎和这些战俘,慢慢这些人也放松了对中国人的敌意。山下七郎告诉罗英德,他在日本有一位

21 岁的妻子和 8 个月大的孩子。罗英德还告诉他们,可以想办法通过香港给他的亲人寄信报平安,山下七郎拒绝了,他们怕给自己的家人增添不必要的麻烦。

10 月 17 日,战事紧张,这些战俘要被从南京经汉口转送至四川关押。日军俘虏有个别人拒绝押送,同中国负责押送的士兵发生了冲突,并用手铐打伤了一位中国士兵。罗英德出面告诉这些战俘,这是战争,我们是军人,必须服从,人活着总比死了来得好。而且你们都有妻儿在家里等着,千万要留着活命,将来好相见。最后,他还单独告诉山下七郎,很抱歉将他打下来,请他好自为之;如果自己不小心,也会被他打下来。今后不知道哪一天,也可能会被日本人打下来,如果有缘分,还会再相见。

当时,山下被感动地哭了起来。

12 月,南京陷落,罗英德驾机护航,保护蒋介石离开南京。1937 年冬,日俘们被关在汉口,条件十分简陋。由于汉口经常遭受日机的轰炸,这些战俘们就被戴着手铐和脚镣被关在日清公司的地窖里。罗英德率队到达汉口后,给这些战俘们解决了住宿问题,并且把牺牲了的飞行员的旧衣服进行了重新分配,让这些战俘们有了换洗衣服。之后,他还带着山下七郎去洗了个热水澡。那一天,山下感动地对罗英德说:谢谢你!

这一次,罗英德发现,山下七郎的思想上有了很大的变化。山下告诉罗英德,说自己从南京至汉口的一路遭遇了 37 次空袭,全是日本飞机打的,“这些日本飞机根本就不是跟中国的军队在打,而是打我们逃难的这些人,我们日本军队的武士道哪去了?”山下说这个话的时候,表现得很愤怒。

那天告别时,山下动情地告诉罗英德,真想做你的僚机,好尽力去保护你!

那天,罗英德写道:“综观今年一整年,从来没有比今天更令我愉快,自觉从心里感受到的满足感。”

战后,日方曾有记者来到中国兰州,采访山下七郎,听他讲述了自己转变的过程。山下七郎说,1937 年 10 月 10 日,中国空军集中所有兵力向上海日军发起了全面反攻。中国空军飞行员在这一天展示了极大的勇气,他们以寡敌众,杀入上海空域。有一架雪莱克攻击机从上海的战场上返回到南京，已经千疮百孔，座舱里血迹斑斑，飞行员已经昏迷。但是，这位名叫徐灵虚的中国飞行员却用他被打断的手指在飞机挡风玻璃上留下了四个字——“还我河山”。

这一天，中国军人保卫自己国家的壮烈牺牲，让山下七郎的心理发生了根本性的变化。

1938 年 1 月 17 日，当时的航空委员会情报科的两位同志找到罗英德，一位是情报科科长夏沧一，另一位是罗英德在美国麻省理工学院的前辈张超西。俩人告诉罗英德说，从击落的日本飞机里缴获了大量的空军情报没有破译，想请他看管的日军战俘，能否协助参与空军的情报工作。

位于江苏南京的航空烈士公墓

经过罗英德的说服教育，山下七郎提出三项条件，第一，绝不将他们被俘的事写在空军的各种日记上；第二，他们有绝对的行动自由；第三，如果我们都不死，在 40 年内，中方保证不对外公布。

就这样，山下七郎和另一位日军战俘同意协助中国的情报工作。不久，他们和战俘看守所两位女子产生了感情，中方分别为他们举办了简朴的婚礼。

婚后，两名女子协助各自的丈夫的工作，也领到了一份薪水。

抗战时的中国空军

罗英德再次见到山下七郎，已是 1939 年的秋天了。那个时候，他们见面的地方在成都。罗英德患了肺病，张超西带着山下七郎来看他，那天山下告诉罗，他已有了一个儿子，第二个孩子明年春天出生。山下问罗，你准备什么时候结婚？罗告诉他，空军里寡妇太多了，他不想祸害人家的女儿。

两人戚戚然，相对惨然一笑。

张超西告诉罗，他们的工作进展很顺利，山下的工作也很努力，日本飞行队的密码刚换的三天内，他们就翻译出来了。那天见面时，山下得知，日本航空队“四大天王”之一的南乡茂章也被罗英德给击落了，感觉很震惊。罗英德告诉山下七郎，你是我们三个人中最幸运的，已经不用上天入地去拼命了，山下默然良久。

罗英德在他的自传中说，那个四大天王之一的潮田良平也是他在南昌击落的，别的史料上说的是徐葆畇，暂且存疑。

那天晚上，罗英德睁着眼睛到天亮，他感叹，人生际遇，什么是好？什么是坏？想起来，怎能让人不荡气回肠！

1942 年春，罗英德就任航空委员会参谋处作战参谋，在重庆再次见到了航委会情报科科长夏沧一，他拉着罗英德的手，高兴地说，那两位日本人发挥了很大的效用，今天日本的密码，对我们已经不构成任何困难了。为了感谢和鼓励两位日本人，罗英德又来到了成都，两位日本人每人都有了一对儿女，生活得很幸福。罗英德感慨说，两个日本人，不论说起国语还是四川话，都比他说得好。那晚他们聚餐，吃的是抄手。罗将军记得很清晰。

一晃六年又过去了。

1948 年 4 月，美丽的西安春暖花开，罗英德在古城等候去英国大使馆任武官的命令。正准备离开的时候，一个人来找他。见面一看，竟是山下七郎，罗将军又惊又喜。他问山下，战争结束了，为何不回日本去？山下告诉他，绝对不能回去了，因为日本的亲人领着抚恤金过活，如果他回去了，家人就没有饭吃了。再说了，他在中国有了妻子和三个孩子，回去了，这些人怎么办？

战争结束后，他等于是失业了。尽管航空委员会还给他发饷，可他自觉得很惭愧。打算跟他祖籍兰州的妻子一起去兰州。为此，他谋了一份乡村教师的工作，教数学、理化和英文。听说罗将军在西安，所以专程来看。

那一天，他们聊了两个小时，临别，罗将军赋诗相赠：

送山下君之兰州

鸿飞偶遇战句容，嘉定城边恨未东；
紫金山畔承君让，也曾金锁释飞熊。
军部狂言原幻影，田中奏折尽成空；
八年苦难应强记，南海乡间葬巨龙。

山下七郎则轻轻地告诉罗将军，他和妻子都是佛教徒，在他太太的佛座上，专门刻着罗将军的名字。每次上香，他都会说："我们都相信有报应，你有一颗良好的善心，罗上校，你将来会有好结果。"

第 74 军炮兵团长刘炳均的传奇人生

2012 年 2 月 12 日，四川的《凉山日报》上登了篇散文《城楼下的慵懒时光》，介绍古城会理。

文章的结尾：小院的原房主人叫刘炳均，是古城会理的一位老中医，老人的经历也颇具传奇。他生于辛亥革命爆发的 1911 年。家中曾是会理有名的大商户，生意遍及昆明、成都一带，有十数家店铺。刘炳均自幼聪颖好学，1933 年刘毕业于川大文学系，后考入黄埔军校，毕业后在国军王牌 74 军任炮兵团上校团长，参加了台儿庄外围战，南昌、长沙、常德、金华保卫战等数十次大小战斗。

后来，在一位作家的书中，也发现了这位抗战老兵。作家在书中描述说：王耀武将军用人特别看重一个人的基层领导经验，如果一位干部没有在基层当过连长，他一般不会提拔重用。

刘炳均黄埔军校毕业后在王耀武将军的司令部当科长，王很喜欢刘炳均，但由于刘没有当连长的经历，曾当面挖苦过刘。刘也是个轴头，当时就和王杠了一句。王还大度，不久把刘派到基层当了一名炮兵连长。

刘炳均在炮兵连表现突出，也深得王耀武的青睐。抗战时，王耀武的家属在重庆，由于日机轰炸频繁，王耀武几次找到刘，想把家属转移到刘家去住。

1941 年，王提拔刘炳均任炮兵营营长。据刘炳均后来回忆，那年夏天，他带领全营在湖南慈利的一个村中待命。兵站站长通知他们，日军已到达某处，兵站准备搬家。不久，军部人员到他们那里了解情况，刘见到了王军长的随从副官，就问了一句，军部搬去哪里？谁知道参谋说，他们准备搬到某处，竟是日军刚刚占领的地方。他赶紧向王耀武进行了汇报，后来军部很快转移，避免了一场灾祸。

王耀武很感动，事后给他人说："那晚真幸有刘营长来报告情况，要不，前去碰上敌人，又是夜间，又无准备，才糟糕呢，到底他是跟随我多年的人，才会这样关心啊！"

1948 年 9 月，刘炳均被俘，与王耀武一同被送往胶东益都华东军区解放军官训练团学习。12 月，刘炳均被通知释放，并由训练团团长季方亲自设宴送行。同队的"同学"纷纷向其祝贺，刘炳均心里想的却是老长官"王耀武也在这里单独居住，平时没见过，明天我要走了，今后可能永远见不着，不如去见一面"。于是他"鼓足勇气，冒着极大风险"，走到了王耀武居住的院落，向守卫人员说明来意，进去见到了王。王耀武听完刘炳均告别，特地要求看守干部从他的钱中支取 30 元相赠。刘炳均想到"我和他现在都在苦难中，他随身带的钱能有几文。过去他再给我多些，我也认为该拿，可是今天他和我一样困难，还要拿钱给我，我怎么忍心呢！"不禁悲从中来，放声大哭，直到被看守干部喝令离开。

王耀武将军

后来，刘炳均回到了古城会理，成了当地远近闻名的名医。

"刘炳均是我的五表爹，在他老人家的鼓励下，我考上了大学，走出了大山。他是我这一生中最敬爱的老人，我小时候，他从不提他的过去。等到他 80 多岁时，才跟我们讲他 10 岁时走了 22 天的崎岖山路到成都读书，1933 年四川大学毕业后考入黄埔军校 10 期炮科。"西安事变"爆发时，他在南京板桥野外演习，闻讯后，返校待命；1937 年"八·一三"上海战事爆发后升为少尉排长，淞沪会战后升为中尉排长；1938 年春，调到 74 军 51 师任上尉连长。七天七夜的万家岭大战，他奋勇作战，是一位实实在在的抗日英雄。解放战争中，孟良崮战役亲眼目睹张灵甫自杀的场面，88 岁时还记忆犹新。济南战役被俘……"

张灵甫接受记者采访的珍贵史料

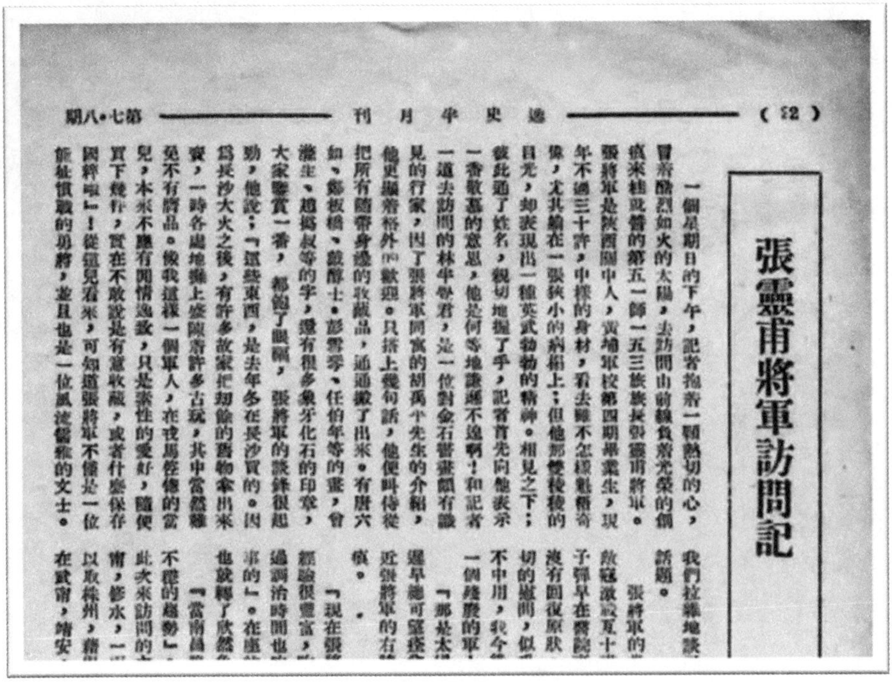

(22) 逸史半月刊 第七·八期

張靈甫將軍訪問記

一個星期日的下午，記者抱着一顆熱切的心，冒着酷烈如火的太陽，去訪問由前線負着光榮的創痕來桂就醫的第五一師一五三旅旅長張靈甫將軍。張將軍是陝西關中人，黃埔軍校第四期畢業生，現年不過三十許，中樣的身材，看去雖不怎樣魁梧奇偉，尤其躺在一張狹小的病榻上；但他那雙棱棱的目光，却表現出一種英武勃勃的精神。相見之下；彼此通了姓名，親切地握了手，記者首先向他表示一番敬慕的意思，他是何等地謙遜不遑啊！和記者一道去訪問的林半覺君，是一位對金石書畫頗有識見的行家，因了張將軍同寅的胡禹平先生的介紹，他更[illegible]着格外的歡迎。只搭上幾句話，他便叫侍從把所有隨帶身邊的收藏品，通通搬了出來。有唐六如、鄭板橋、鈕醇士、彭雪琴、任伯年等的畫，曾滌生、趙撝叔等的字，還有很多象牙化石的印章，大家鑒賞一番，都飽了眼福，張將軍的談鋒很起勁，他說：「這些東西，是去年冬在長沙買的。因為長沙大火之後，有許多故家把劫餘的舊物拿出來賣，一時各處地攤上盛陳着許多古玩，其中當然難免不有膺品。像我這樣一個軍人，在戎馬倥傯的當兒，本來不應有閒情逸致，只是素性的愛好，隨便買下幾件，實在不敢說是有意收藏，或者什麼保存國粹哩」！從這兒看來，可知道張將軍不僅是一位能征慣戰的勇將，並且也是一位風流儒雅的文士。

我們拉雜地談……
話題。
張將軍的……
敵寇激戰……
子彈早在醫院……
還有回復原狀
切的照料，似……
不中用，我今……
一個殘廢的軍……
「那是太……
還早總可望痊……
近張將軍的右……
癒。
「現在張……
經驗很豐富，……
過調治時間也……
事的」。在座……
他就轉了欣然……
「當南昌……
不穩的趨勢」……
此次來訪問的……
甯，修水，一……
以取株州，藉……
在武甯，靖安……

记者采访张灵甫将军的史料

1939 年夏天，一位叫作碧蕉的记者，采访了在桂林某医院养伤的张灵甫将军。张灵甫当时任 74 军 153 旅旅长。

张灵甫是当年 1 月高安战役中受的伤。南昌失陷后，邻近的高安成为日军的下一目标。3 月 23 日，正在长沙负责接训新兵的张灵甫，奉命迅速赶赴高安布防。

当时派给张部 70 多辆汽车，但这些车大半车况不好，公路也多被破坏，车行缓慢，张灵甫将军命令部队全体下车，全部急行军跑步前进，一晚跑了 120 里，翌日拂晓抵达高安，这时听得敌人的前锋部队已进逼县境，我军便在距城十余里外布防。

随后,日军以飞机、坦克发起攻势。张灵甫告诉记者,当时“成群结队的敌机整天地在上空肆虐,我们的阵地几乎都给炸毁了,敌方的坦克车队,随着敌机轰炸之后,向我方阵地纵横驰突,简直是锐不可当。”在这次进攻中,日军还大量使用了毒气弹。“我方官兵中毒了的,两眼睁不开,不住地流着泪。”

这样激战了几天之后,前线几处重要据点,都已经被敌人陆续突破。“三月卅一晚,我刚回到司令部,听说阵地给敌人突破,官兵伤亡殆尽,情势岌岌可危。我毫不踌躇地,向师长请拨了司令部仅余的两连人,亲自督率重上战线,乘着黑夜向敌猛扑,白刃相接,肉搏血战,异常激烈,终把顽寇驱散。”

张灵甫将军

“及旦整理部队,还剩八十余人,牺牲又已过半。当时趁敌方尚未集中完备,我想来一个奇袭,就尽着剩下的部队,再向敌扫荡,不料敌愈来愈多,遂陷重围。”

“在异常危急中,我瞥见敌方的一位指挥官,相距不过数十米远,便以手枪向其射击,随即应声倒地。敌众见指挥官阵亡,起了一阵骚动,混乱,我方奋力冲杀,毙敌无算,力战半日,我的右膝以中弹负伤,挣扎不起,幸得战友战士的扶持护卫,拼命杀出一条血路,突过敌围,才不致为敌所擒。”

张灵甫伤势严重,甚至有残废的可能。于是,74 军军长王耀武,特别为张灵甫及之前负伤的第 306 团团长常孝德,电请第九战区司令长官薛岳,向委蒋介石请求特款医治。

前一五三旅旅长张灵甫,现调任步兵指挥官,该员于一月前高安之役身负重伤。又该师前三零六团团长常孝德于去年南浔线万家岭附近之张古山之役身负重伤。该两员抗战以来,各受伤两次,极为忠勇,平战成绩均佳,迭着功勋,洵为优秀将校。以伤势过重,无多款医治,近伤痕复溃,势更剧烈,恐致残废,确系实情。除已电复安慰,并又各送一千元应急。伏乞钧长垂念该员等忠勇为国,准予转请委座,特赏张灵甫养伤费三千元,常孝德二千元,以恤有功而慰创伤。

张灵甫

蒋介石对这两员骁将的伤情很重视，特批示拨款进行医治。张灵甫在桂林医治后又被转到了香港，当听说战时军人不得在境外疗伤的军令后，张灵甫立即出院，返回战场。由于战伤未着好，造成了右腿的残疾。指挥战斗的时候，他常拄一根拐杖，部下常亲切地叫他拐公。

记者笔下的张灵甫将军，不仅是一位骁勇作战的将领，还是一位风流儒雅的文士，张灵甫将军特意把收藏的金石字画取出供记者玩赏。

躺在病榻上的张灵甫，还一心在想着报效国家："这条腿恐已不中用，我今后想是不会有再上战场杀敌的机会，一个残废的军人，活下去太不痛快了！"听了记者的安慰鼓励，方才释怀，露出了笑容。

那位叫碧蕉的记者采访完张灵甫将军后感叹：他是何等地谦逊不遑啊！

张灵甫墨迹

中国军队之道义

中国人自古及今,都是讲道义的。

比如下象棋,第一步棋一般都不走当头炮,一定很含蓄地表示一下友好。武术打斗也是,第一步守势,还有一个手部请对方过招的动作。拼到最后,也都是让对方投子认输,签城下之盟,很少有把对方逼到墙角,下不来台的场景。

这种谦让是中华文化的一种美德。那么,在你死我活的战场上,也讲这样的道义吗?当然不能再有客气的表示了。但是,军队的道义会有另外一种表达方式。

冈村宁次的回忆录中,专门有一个章节,标题就是"中国军队之道义"。

冈村回忆,1938年9月,日军101师团窜入九江西南约30公里的马鞍山附近。一名日军大队长率领数十名日军冲入了中国军队的阵地,遭到了炮火覆盖,全部被击毙。后来,日军占领这一地区后,惊奇地发现,被击毙的日军官兵被妥善地进行了安葬,死者身上配备的军刀和其他装备都完好无损,这让日军官兵大为感动。

冈村表示说,礼葬敌国士卒的遗体,是我武将自古以来的教养,曾留有不少传说。只有具备使敌人也为之感动的武士道德,才能称得上真正的胜者和勇者。

战争是战争,武将爱武将。这是冈村常常挂在嘴边的一句话。

他还记述,日本军队进攻古北口时,中国军队第25师的七名士兵驻守高地,表现特别勇敢,日军第17联队费了九牛二虎之力才将这一高地占领。之后,日军礼葬了这七名勇士。这件事在国军将领刘玉章的《戎马五十年》一书中能得到印证。

战争结束后，中国军队的一名旅长，还专门来到了日本17联队的征招地秋田县，向17联队表示感谢。

1940年2月23日，东北抗联英雄杨靖宇殉国。面对他的遗体，日本的军警“一点没有感到快乐”，反而“呜呜地哭了起来”，向着杨靖宇的遗体三鞠躬。在举行庄严的“慰灵祭”，还要求吉林蒙江全县村长以上官员都来参加，仪式上还专门请来了一位日本僧人，焚香供酒，礼拜念经，以慰亡灵。

古北口七勇士纪念碑

1941年5月，张自忠将军殉国。日本军队不仅厚葬了张将军，在张将军遗体被运送重庆的沿途，日本飞机在上空盘旋，自始至终未发一弹。

其实，除了冈村记录的中国军队礼遇日本死亡将士外，还有一些日本死亡官兵尸体得到中国方面的善意处理。

其实，日军一般不会在战场上留下己方士兵的尸体，而是把尸体拖回去进行火化，并告知国内的家属。遇到兵败如山倒，来不及抢运完整尸体的情况下，许多尸体只能丢弃在战场上，他们起先是把一只手臂拿走，太多了也搬不动，就割下右手五个手指，再后来，只割下一个大拇指，同时取下死者身上佩有姓名的身份牌，作为战死凭证一并带走。打扫战场时，中国军人除了清运中国士兵的尸体，同时也会对日军尸体进行妥善的掩埋。

腾冲国殇墓园里的日军坟墓

中国远征军和史迪威将军的故事

1941年12月7日，日军袭击珍珠港美国海军基地，太平洋战争爆发。随后，中美英法苏结成反法西斯同盟，中国派出了远征军出征印缅。史迪威将军担任中国战区参谋长。

史迪威将军

在印度，史迪威将军一开始训练了两个师的中国驻印军，即新22师和新38师。1943年3月，中国驻印军开始准备反攻缅甸。1944年2月，中国新22师团长傅宗良率领1个团在百贼河发动对日军作战。

史迪威将军直接给22师下达了作战命令，命令傅宗良团长率领所部沿着百贼河的右岸继续前进，到接近日军正面时，渡河进攻。团长带着部队进军途中，发现在中途渡河，从日军左侧进行攻击会更有利于作战。于是他一方面向廖耀湘师长报告自己的新的作战计划，同时过河。廖耀湘师长把傅宗良团长的变更报告给了史迪威将军。史迪威极为愤怒，下达了一个命令，撤销其团长的职务，因为他畏敌惧战。将这个命令发给廖耀湘师长，同时给蒋介石发了份电报，让重庆同时下达撤销傅宗良团长职务的命令。

训练中的远征军士兵

廖耀湘接到史迪威的命令后，紧急地给傅宗良团长送去。因为傅宗良升职比较慢，和廖耀湘黄埔同期，那时候他还是个团长。廖耀湘说，宗良兄，您那个计划，咱们的老头子不干了，生气了，你现在已经不是团长了，已经被撤职了。但是，我糊弄着他，你接着打，我替你扛着这个包，如果这仗打不好，咱们哥儿俩就全玩了。傅宗良团长按照自己的计划开始攻击。

中国军队在中等规模作战中，这次是最成功的战役。他们给总司令部的报告是击毙了日军大约 700 人，中国军队阵亡大概十几个人。这个报告打上去之后，史迪威马上回电说，那些日本人都别埋，我来数。因为当时一些中国的部队常常虚报战功，以多领取奖赏，这令史迪威等美国人非常反感。于是史迪威坐着飞机到前线，迅速带着宪兵部队来了。傅团长把打死的日本人在河边上全部摆好。

史迪威在那儿数，数到 680 几个人时，没数完，说行了吧，埋了吧。然后跟傅团长说：对不起，我错了，我向你道歉，你的军事素养比我好。然后跟廖耀湘说：撤销我前面的命令，也跟蒋介石说，建议晋升傅宗良团长。

参考资料

〔1〕张纯如:《南京大屠杀》,中信出版社 ,2013 年版。

〔2〕赵晓林、魏立安:《陕西抗日将领年谱》,陕西师范大学出版社,1995 年版。

〔3〕郑洞国:《我的戎马生涯:郑洞国回忆录》,东方出版社,2012 年版。

〔4〕黄仁霖:《我做蒋介石特勤总管 40 年:黄仁霖回忆录》,团结出版社,2006 年版。

〔5〕葛先才著、李祖鹏编:《长沙常德衡阳血战亲历记:国民党将领葛先才抗战回忆录》,团结出版社, 2007 年版。

〔6〕李宗仁:《李宗仁回忆录》,广西师范大学出版社,2005 年版。

〔7〕《抗战家书》,中国人民大学出版社,2015 年版。

〔8〕上海淞沪抗战纪念馆编:《川军与淞沪抗战》,2009 年版。

〔9〕肖银章:《抗战期间日本飞机轰炸陕西实录》,陕西师范大学出版社,1996 年版。

〔10〕杜聿明、郑洞国等著:《古往征战几人回——亲历滇缅抗战》,团结出版社,2011 年版。

〔11〕钮先铭:《佛门避难记》,南京师范大学出版社,2005 年版。

〔12〕郭岐:《陷都血泪录》,南京师范大学出版社,2005 年版。

〔13〕[英]阿特丽著,石梅林译:《扬子前线》,新华出版社,1988 年版。

〔14〕勃脱兰著,伍权民译:《外国记者眼里的抗日战争:华北前线》,上海科学技术文献出版社,2012 年版。

〔15〕步平、荣维木主编:《中华民族抗日战争全史》,中国青年出版社,2010 年版。

〔16〕汪新主编:《烽火忆抗战》,华文出版社,2015 年版。

〔17〕关河五十州:《正面抗日战场》, 武汉出版社,2010 年版。

〔18〕今井武夫:《今井武夫回忆录》,中国文史出版社, 1987 年版。

〔19〕东史郎:《东史郎日记》,江苏教育出版社,1999 年版。

〔20〕田琪之译:《中国事变陆军作战史》日本防卫厅战史丛书, 中华书局,1979 年版。

〔21〕陈达萌:《毛人凤大传》,华文出版社,2010 年版。

〔22〕萨苏:《国破山河在》,山东画报出版社,2007 年版。

〔23〕许蓉生:《国民党空军抗战实录》,中国档案出版社,1994 年版。

〔24〕《国共两军忻口抗战揭秘》,中央文献出版社,2005 年版。

〔25〕翁仁元:《抗战中的海军问题》,民国黎明书局刊本。

〔26〕卢中度:《八年抗战乱世随笔》,《新生路》月刊,1930 年。

〔27〕冈村宁次:《冈村宁次回忆录》,中华书局出版,1981 年版。

〔28〕黄仁宇:《黄河青山:黄仁宇回忆录》,生活 · 读书 · 新知,三联书店出版,2007 年版。

后　记

我小时候是个娃娃头，喜欢组织小朋友们“冲锋陷阵”。为此，还牺牲了自己的一颗门牙。

长大后，喜欢看历史书，尤其战争史。

起先是看热闹，后来开始翻看第一手资料。

一个时期，大量查阅抗战史料。

这仿佛是一个必然，查看这些史料，让我小时候梦想的战争又在心中复活了。

起先，我也特别想写一部我自己收集的抗战的书。可是，我的工作时间太长，不能保证长时间的思考和写作，只能挤出时间，零零散散地写。

就这样写了快一年，收集起来，竟有近百篇之多。

写的时候没有意识，等到 2017 年的新年钟声响起，忽然感觉时间很紧迫，因为这一年，距离 1937 年刚好 80 周年。我又想集一个集子了。毕竟，好多内容是我自己搜寻来的，很多内容我以前也没有读过。

于是，又跟打了鸡血一样，开始集中整理这些稿子。

14 年抗战，不是一次慷慨的赴死，而是长期艰苦卓绝的战斗。那些前辈们前赴后继的牺牲，值得我们每一位中华儿女铭记。

14 年里的故事很多，头绪也很多。那些抗战中的双方，战争的经过，最后的结局，大家都是知晓的。而我整理的文字，是一个新闻记者眼中的战争。从事新闻工作 20 多年，抗战中发生的许许多多的历史细节，是我关注的重点。因为只有细节才是最生动和打动人心的。只有挖掘深藏在历史深处颤动人心的东西，才能让人更深切地感受到战争的丑恶和和平的来之不易。

历史，仿佛是沉默在水中的暗礁。时间越久远，离水面的高度就越模糊，在测量和感受的过程中，只剩下那些个大的轮廓，代表人物也会越来越少……后人不喜欢的，逐渐淹废，消失殆尽；后人喜欢的，又添枝加叶，过度美化。我也只能通过手上有限的资料,剥茧抽丝,吹漉黄沙,示人本相。

我常暗想,一千年后的人们在看待这场战争时,会不会就像我们现在看岳飞,连他的形象也要变得模糊呢?

1975年,考古学家在湖北云梦地区发现了一个秦代简陋的墓地,出土了一些竹简和两块木牍。木牍上记录的是2000多年前秦楚战争期间,黑夫和京兄弟俩写给家乡长兄的家信。信中恳请母亲给自己做一套夏衣寄来。

后来怎么样了,没有人知道。

或许,兄弟俩收到了征衣;或许,征衣寄来时,他俩已经阵亡。

2000年前一封未曾寄出的家书,现在读起来不禁令人唏嘘。

可怜无定河边骨,犹是深闺梦里人。

这样的战争人们都遗忘了,可是,那封家信却能勾起人们内心的痛楚和不安。

这些历史细节所展现的悲伤,就是我们自己的悲伤,会像电压一样强烈地刺激我们的心脏,让我们不要遗忘这场战争,遗忘曾经心中已变得久远的伤痛。

可是,时间是一剂良药,会悄悄治愈我们的伤痛。许多年以后,人们会说,那已是老辈子的事了。

可是,这样的历史随时可能重演。

你说,难道要让我们仇恨?

不是,仇恨是最低级的一种心态,高级的心态是做好自己。

一个人的成长需要总结;人类的发展,需要时刻警醒。

这就是我想要表达的意愿。今天,只能算是一个逗号,在距离1937年全面抗战爆发的80年之后,聊以慰藉我内心深深的不安,给80年前依旧奋战在抗日前线的人们。

我也愿意扒出我的被酱油腌透了的心,供在这里,敬献给远隔80年时光的英雄们。伏惟尚飨!

作者

2017年3月9日